# KÄRNTEN

Das Kärnten-Buch ist an der „Schwelle" zwischen oben und unten geschrieben worden.
Mit herzlichsten Wünschen an Ljuba + Ivan, die an der „Schwelle" PRAHA wohnen

[illegible]

3. 6. 96 Klagenfurt

Bertram Karl Steiner / Ferdinand Neumüller

# KÄRNTEN

Das Heimatbuch

Unterirdische Begegnungen

Verlag Hermagoras / Mohorjeva

Klagenfurt / Celovec – Ljubljana / Laibach – Wien / Dunaj

# GELEITWORT

*Wenn es wahr ist, daß die Erinnerung ein Paradies ist, aus dem wir nicht vertrieben werden können, dann ist dem Autor dieses Buches ein einfaches Kunststück gelungen. Er hat in der Erinnerung an seine Kindheit einen Erkenntnisbaum entdeckt, dessen Früchte der Leser ebenfalls genießen kann, ohne die Vertreibung fürchten zu müssen.*

*Aber weil die einfachen Kunststücke die schwierigsten sind, und der Verfasser die strengen Spielregeln kennt, die für jedes Paradies gelten, hat er das gefährliche Obst in eine zauberhaft-mystische Folie verpackt. Der Abdruck darin läßt, dem Gewicht des Inhaltes entsprechend, deutliche Konturen eines anderen Kärnten sichtbar werden. Mit liebevoller Hand und verschmitzter Perfidie prüft der Erzähler unaufgeregt die Knoten in dem Netz, das dieses jenseitige Land mit dem allzu diesseitigen verknüpft. Sie sind an mancher Stelle stark, an anderer wieder locker und lösen sich manchmal vollends unter dem Griff des Autors auf.*

*Wir dürfen ihm vertrauen, weil es der Griff eines Kundigen ist, der um die grundlegenden Kärntner Dinge weiß, sie mitteilt, aber nicht preisgibt.*

*Samo Kobenter*

# UND FÜHRT WOHL IM SCHNEE
# NOCH A WEGERL ZU DIR…

Die Schneewolken haben sich vom Schneeberg heruntergewälzt, und jetzt fallen die Flocken so dicht wie ein Schlafzimmervorhang. Ein eiskaltes Lüfterl zieht über die Hügel, durch Mark und Bein und weiter in die Ebene. Vermummte Bauern stehen mit ihren Pferden vor dem offenen Tor der Hufschmiede. Der Rotz tröpfelt von ihren violetten Nasen, ihre Hubertusmäntel duften nach Kuhstall. In der schwarzen Werkstatt klingen die Hämmer, der helle Ton singt über den Schneehaufen nach. Die Rösser schütteln sich unter ihren Kotzen und schnauben. Da kommt eines an die Reihe. Der Schmied tritt aus seiner schwarzen Höhle, mit einer Zange hält er ein rotglühendes Hufeisen. Beißender Geruch nach verbranntem Horn verbreitet sich, sobald das Eisen den Huf berührt.

Das südliche Niederösterreich, wo die Geschichte dieser Reise nach Kärnten beginnt, befindet sich Anfang der 50er Jahre, in manchen Bildern des Lebens, noch tief im verflossenen Jahrhundert, in der Barockzeit, im Mittelalter. Alte Dinge umgeben einen. Meine Großmutter bewohnt eine Werkswohnung der Brevilliers & Urban-AG: Zimmer, Kuchl, Kabinett. In der Küche riecht es am Vormittag nach Einbrenn, am Nachmittag nach Feigenkaffee. Im Zimmer hält sich Tag und Nacht der Duft nach alten Möbeln, das Kabinett riecht nach Naphthalin.

Ich sitze neben dem gemauerten Herd auf der Kohlenkiste. Die Großmutter hat mit dem Küchenmesser aus einem Holzscheit „Spanln“ geschnitten, zum Unterzünden. Jetzt kommt sie mit Schürhaken und Schaufel, um den Herd auszuräumen. Die Asche kommt ins Aschentrügerl dicht unter meinen herunterschlenkernden Füßen. Die Spanln waren trocken. Sie prasseln auf, als sie das Zündholz, Marke Sirius, ansengt. Ich schaue hinunter ins finstere Geviert des Aschentrügerls: grau, schwarz, braun. Da schimmert etwas. Rotes Stanniol, glaube ich, von einem Christbaumzuckerl. Ich rutsche von meiner Kohlenkiste herunter und greife zu. Auf der Stelle brülle ich auf. Meine Großmutter stürzt herbei. Das rote Schim-

mern, das meine Hand angezogen hatte, war kein Stanniol gewesen, sondern ein Stückerl Glut. Die Großmutter holt den Mehltopf aus der Kredenz und läßt mich mit meinen beiden verbrannten Fingern im kühlen Mehl wühlen. Der Schmerz verebbt, wird dumpfer, beinahe schon erträglich. Ich weine nur noch zum Protest über die Täuschung, deren Opfer ich geworden bin.

Meine Großmutter hat ihre Brille aufgesetzt. Es ist eine kreisrunde, bräunliche Hornbrille. Vier Jahrzehnte später werden solche Brillen wieder modern geworden sein. Von irgendwoher hat sie ein Buch geholt. Es ist in graue Pappe gebunden, auf dem Buchdeckel ist ein Wappen mit einer Krone eingepreßt. Aufs Geratewohl schlägt die Großmutter das Buch auf: „Mehrere Burschen aus Arnoldstein gingen eines Abends lärmend und singend vom Friedhof heim. Sie waren schon etwas angeheitert. Da stolperte einer über ein Totenbein und sagte in seinem Übermut zu ihm: „Komm zu mir auf die Mahlzeit!“ Und das Bein gab zur Antwort: „Ja, morgen um elf Uhr nachts komme ich!“ Die Geschichte der drei Rauschigen, die unversehens mit dem Jenseits konfrontiert werden, nimmt ihren Lauf. Ich habe Angst, ziehe den Kopf ein, höre aber angespannt zu. Das Gruseln und die Neugierde haben mich den Schmerz an den zwei neugierigen Fingern, wo sich schon Blasen gebildet haben, vergessen lassen.

Den Burschen aus Arnoldstein gruselte es ebenfalls. Es steigen ihm, so berichtet die Geschichte weiter, gewaltige Bedenken auf. Er geht zum Pfarrer. Irgendwann einmal müssen die Pfarrer offenbar Bescheid gewußt haben, über das Diesseitige und das Drübere. Der Pfarrer, der in der Neunkirchner Kirche von der bacchantisch barocken Kanzel predigte, der kannte sich wenigstens noch bei den Weinen aus und gab sich in aller Frömmigkeit dem Kulte des Dionysos hin. Die heutigen Pfarrer haben Pastoral studiert, vom Jenseits aber oder vom Rausche haben sie keinen Begriff mehr.

Der Pfarrer in der Geschichte rät dem Burschen, die Stube schwarz auszuschlagen und den Gast zu erwarten. Mit dem Schlag elf kommt ein großer Mann herein, der setzt sich zur vorbereiteten Mahlzeit an den Tisch und ißt alles, was man ihm bietet. Beim Fortgehn aber sagt er zu dem Burschen: „Morgen kommst du zu mir. Brauchst nur an der Friedhofstür warten, bis ich komme!“

Wieder rennt der Bursche zum Pfarrer. Der ist um einen Ratschlag nicht verlegen. Der Maulheld, der am Friedhof so groß getan hat, und der jetzt schlotternd vor ihm steht, der soll nur tun, was ihm sein Gast zu tun geheißen hat. Was bleibt ihm auch übrig? Um elf Uhr nachts wartet er an der Friedhofstür. Der Mann von gestern erscheint, dreht ihn dreimal herum, so wie die Sonne aufgeht, dann stehen beide vor einer kleinen Hütte, sein gruseliger Gefährte führt ihn hinein. Dreimal erhält der Bursch zu essen. Draußen, vor dem Fenster, sieht er seine verstorbenen Verwandten vorbeiziehen. Daneben rackern sich arme Seelen ab, die Schulden abzustatten, die sie zu Lebzeiten gemacht haben.

Reden darf der Bursch mit keinem: „Laß sie nur gehen, sie haben ihren vorgezeichneten Weg, und halte sie nicht auf!“, wird ihm bedeutet. Endlich wird er wieder zu der Stelle zurückgeführt, von wo man aufgebrochen war.

Die Großmutter kommt zum Ende der Geschichte: „Ehe er aber Abschied nahm, fragte ihn der Gastgeber, wie lange er ausgeblieben zu sein glaubte. ‚Wohl drei Tage‘, erwiderte der Bursche. ‚Nein, dreihundert Jahre sind um, und ich muß dich auf die Erde führen, zum Sterben.‘ Als der Bursche wieder in seine Heimat kam, war alles von Grund auf verändert. Dennoch fand der heim, denn er wußte noch die Nummer seines Vaterhauses. Aber niemand kannte ihn, und die Einwohner sagten, sie hätten wohl erzählen gehört, von einem Burschen, der mit einem Totenbein zu schaffen gehabt hätte… “

Das Wappen auf dem Buchdeckel war das des Herzogtums und Kronlandes Kärnten. Ich hatte das Bundesland Kärnten nie betreten. Eine peinliche Zonengrenze lag zwischen dem sowjetisch besetzten Niederösterreich und der wie Kärnten in der britischen Zone liegenden Steiermark auf dem Semmering. Ich kannte mich aber aus in Kärnten. In meinem Kärnten. Von Millstatt wußte ich zu berichten, daß dort die Toten ihre eigene Christmette feiern. In Kaning verlor ein fürwitziger Bua ein Auge, als er die fromme nächtliche Versammlung auskundschaftete. Ich wußte, daß sich der Tod anmeldet, ehe er einen holt, und daß das bezeugt ist, aus dem Görtschitztal, wo die verstorbene Frau des Bauern kommt, um ihre Mutter hinüberzuführen. Keiner, der geht, versäumt es, in Kärnten Abschied zu nehmen, der Soldat aus Himmelberg nicht, der im Au-

genblick, als ihm in der Schlacht von Custoza eine Kanonenkugel den Kopf wegreißt, als ein kopfloses Schwein zur Mutter heimkommt, und auch der Bua der alten Dirn beim „Spatz“ in Metnitz hat im entscheidenden Moment nicht auf seine Mutter vergessen: Er schickte ihr seinen Totenkopf, der ihr im Kuhstall entgegenrollte. Und beim Frießer im Glödnitztal, da meldet es sich an und der Totenseher von Ottmanach, der vererbt die schaurige Gabe, die Toten des kommenden Monats vor der Frühmess' in der Kirche knien zu sehen.

Unterkellert war mein Kärnten, von Schatzgewölben, Gräbern, Höhlen, in welchen Könige hausen mit ihrem blassen Hofstaat, der König Matthias Corvinus, der Kaiser Karl der Große, der Kaiser Rotbart. Noch tiefer unten das Reich der Heiden. Sie feiern ihre stillen Feste, die Leute von Virunum, die Römer im Jaukenberg. Darüber ragten die Burgen der saligen Weiber in den Kärntner Himmel. Mitunter steigen sie von den Karawanken herunter und entführen einen Irdischen zu zauberischer Kurzweil, schicken ihn wieder zurück, reich beschenkt oder gedemütigt, je nachdem wie sich der Lotter aufgeführt hat.

Oben die saligen Weiber, die Mutter Hemma, die alte Isis Noreia, unten die Teadin, die einen gefrorenen Strohhut trägt, und dazwischen die dünne, die hauchdünne Kärntner Erdrinde. Auf dieser sind die großmäuligen Buam zu finden, die ihre Mutproben veranstalten und auf Teufel komm aussa pfeifend zur geraden Stundenzahl über den Friedhof latschen, um ihre Angst zu betrügen.

Damals luden sie die Toten ins Wirtshaus ein, zahlten die Zeche und überhaupt drauf, weil mit dem jungen Leben. Damals wirbelten sie herum, bis ihnen die saligen Weiber Roßknödel in den Jankersack steckten. Die Buam haben sich immer gefürchtet in meinem Kärnten, und was immer sie unternahmen, im Suff oder halbnüacht, das unternahmen sie, um den mächtigen Weiberleuten zu imponieren, den weißen auf den Karawankenzinnen, denen schwarzen unter der Erd' und der Muatta im eigenen Haus. Zur Antwort erhielten sie nichts als ein silberhelles Lachen oder ein höhnisches Kichern.

Es hat sich nicht viel geändert, diesbezüglich. Heutzutage stampfen die Buam im braunen Anzug, der nicht von der Muatta gemacht ist, in der Gegend herum, oder springen am Nylonseil zur Hetz' von Eisenbahnbrük-

Wo der Mesner von Ottmanach die Toten sah.

ken. Ob sie anderes erben werden, als helldunkles Gelächter und Krapfen oder Roßknödel?

Mein Kärnten war die andere Welt. Nach Kärnten konnte man nicht einfach fahren. Es gab zwei Eingangstore: Die todesbangen Sagen in der abgegriffenen ersten Ausgabe von Georg Graber und die Kärntner Lieder im Wunschkonzert, aus dem kleinen roten Bakelit-Radio meiner Großmutter, feierlich getragene Töne aus der weitesten Ferne, in deren trauriger Süßigkeit der Wille erschlafft und die Sehnsucht unstillbar wird.

Am Nachmittag, gegen vier, stellte meine Großmutter den Kaffee zu, das heißt ein Gemisch aus Imperial-Feigenkaffee, Linde-Kaffee-Ersatz und den paar Bohnen, welche sie zuvor in der Kaffeemühle gemahlen hatte. Sobald ich lesen konnte, hielt ich das Kaffeehäferl in der rechten Hand und drückte mit der Linken das Buch auseinander, damit ich die Seite nicht verblätterte. Aus dem Radio sang der Grenzlandchor Arnoldstein. Vielleicht das Weihnachtslied „Und führt wohl im Schnee noch a Wegerl zu dir", oder das schaurige Lied vom Rosental.

Kärnten, das war das Land meiner Großmutter. Heute glaube ich zu ahnen, daß es das Land der Großen Mutter ist.

*Le Trez-Hir, Bretagne.*

Der Orkan, der an die Außenmauer der Maisonette brandet, hat einen Anlauf von zwei, dreitausend Kilometern über den rasenden Atlantik genommen. Wir haben die schweren Metalljalousien vor der gläsernen Schiebetür zum Garten hinaus heruntergelassen, damit die Scheibe nicht unter dem Druck der Böen birst.

Wasserfluten, Hagelschloßen trommeln aufs Dach. Der Fernsehapparat ist so laut als erträglich eingestellt, man könnte im Getöse sonst kein Wort verstehen. Auf einmal ein markerschütternder Schrei von draußen: „Au secours, au secours, Hilfe, Hilfe!" Der Schrei hat nichts mit dem laufenden Fernsehprogramm zu tun. Und wieder, in Todesangst: „Au secours, au secours!" Ich stehe auf, ziehe den Regenmantel über, gehe vor die Tür. Stockdunkel. Im Prasseln der Regenströme, im Gebrüll des Sturmes, laufe ich den Weg zwischen den Hecken einmal ums Haus, vermeine, mich unter einer riesigen Brause zu befinden. Das Wasser läuft in den Kragen, in die Schuhe. Das Getöse würde jeden menschlichen Schrei übertönen. Niemand hat hier um Hilfe geschrien. Ich kehre zurück ins Haus. Als ich den Regenmantel gerade abgelegt habe, noch ein letztes Mal, in höchster Pein: „Au secours!“ Noch einmal ums Haus. Nichts.

Am Vormittag darauf bin ich unten bei Petit Pierre. Er führt eine Bar, eine Crêperie und eine Greißlerei in einem. Petit Pierre ist die Nachrichtenagentur der Ortschaft, die 20 Kilometer westlich von Brest an drei Seiten vom Ozean umgeben ist. Was es Neues gibt? „Ça souffle. Draußen vor der Küste ist ein Matrose von einem Frachter gespült worden. Sie haben ihn nicht mehr gefunden.“ Ich erzähle von dem Hilfeschrei in der Nacht. „Ja, das kommt schon vor“, sagen die Umstehenden, Fischer und Bauern. Letztere Produzenten von Karfiol und Artischocken. „Es hat sich angekündet, es hat sich angemeldet.“ Die Leute finden nichts daran. Es ist eben so.

Bald darauf ist mir die Sammlung „Légendes de la Mort en Bretagne Armoricaine“ in die Hände gefallen. Anatole le Braz hat sie Anfang des Jahrhunderts zusammengestellt, ungefähr zu der Zeit, als Georg Graber die Kärntner Bauern nach Überlieferungen befragte. Das Ergebnis der Forschertätigkeit des Anatole le Braz sind zwei Bände voller Erfahrungen mit der drüberen Welt.

Wenn der Ankou naht, um einen abzuholen, dann meldet er sich an: „ Es ist Sonntag. Laou, er ist ein freigiebiger Mann, hat seine Freunde eingeladen, um mit ihm das Schwein zu teilen, das er soeben geschlachtet hat. Das Fest hat seinen Höhepunkt erreicht, da kommt im letzten Augenblick noch ein Gast. Obwohl dieser ganz armselig ausschaut, lädt ihn Laou ein, das Mahl mit ihm zu teilen. Das Fest ist zu Ende, alle gehen heim. Nur der arme Bettler bleibt, er hat nichts gegessen. Erst jetzt hebt er seinen Kopf und enthüllt einen Totenschädel. Unter seinen Lumpen hängen Stücke verfaulten Fleisches und er verbreitet einen unerträglichen Gestank. ‚Ich bin's, der Ankou. Ich bin gekommen, um dir zu sagen, daß ich dich in acht Tagen abholen komme.‘ Die Woche drauf ist Laou gestorben, nachdem er sein Hab und Gut verteilt und seinen Frieden mit Gott gemacht hatte.“

Nächtelang klopft der Ankou ganz leise ans Holz des Alkovens. Ein Seufzen und ein Wimmern ist in den

Lüften zu vernehmen. Wer sich nächtens auf die Landstraße wagt, der möge sich vorsehen. Wenn einmal das Knirschen und Qietschen so nahe hinter einem ist, daß man nicht mehr auf die Seite zu springen vermag, könnte es zu spät sein. Da fährt der Ankou auf seinem klapprigen Karren die einschichtigen Bauernhäuser ab. Den oder jenen wird er heute holen. Aber wer hinübergegangen ist, der kann wiederkommen, nach dem Rechten schauen, sich an der Glut im offenen Kamin wärmen. Leistet ein Lebender der Einladung eines Toten Folge, so werden ihm Geheimnisse zuteil, die er nicht zu ertragen vermag. Ein kurzer Spaziergang ins Jenseits, vielleicht wartet einem der Tote Crêpes auf und einen Krug Cidre, und schon ist man aus dem Raum-Zeit-Gefüge gefallen. Satt vor Wissen kehrst du zurück, du bist um Jahrhunderte älter geworden. Die Zeit, in welcher du wieder erscheinst, ist nicht mehr die deine. Die Pfarrer in ihren Kirchenburgen wissen darüber Bescheid. Sie besitzen alle ein schweres schwarzes Buch, darin sind die Sprüche und die Formeln aufgezeichnet, mit deren Hilfe einer durch beide Bereiche zu wandern vermag. Das Buch heißt „Agrippa“, der Name erinnert an den Magier und Alchimisten Agrippa von Nettesheim, der ein Zeitgenosse des Paracelsus war.

Die bretonischen Legenden sind ein adäquater Reiseführer in der neuen Umgebung, werden bald zum Kopfkissenbuch. Die Wegkreuzungen und stillen Straßen zwischen niederen Steinwällen, die überwuchert sind von dornigem Immergrün, werden bald so unheimlich heimatlich vertraut, wie mein Kärnten. Auf dem Weg nach Kärnten ist das Land am Atlantik eine Station. Andere Wege gehen über Irland, über Schottland oder Wales.

Die Gegend heißt auf bretonisch Pen ar Bed, Fin du Monde, Finistère, Ende der Welt. Die Dorfkirche hat im Zweiten Weltkrieg einen Volltreffer abbekommen, man hat sie aus den Granitquadern wieder aufgebaut. Drinnen steht eine gotische Madonnenstatue: Unsere Liebe Frau vom Ende der Welt.

Am Sonntag kommen die Bauern nach dem Kirchgang in ihren Cafés zusammen. Sie reden nicht französisch, sondern die alte keltische Sprache. Den Zugereisten betrachten sie mit Skepsis.

Ich lehne an Petit Pierres Theke. Der Rauch zahlloser Gauloises hängt im Raum. Die Tür geht auf, ein

Bild umseitig:
Osterfeuer vor der Koschuta

Schwall feuchter Salzluft dringt herein. Ein älterer Mann pflanzt sich vor mir auf, marineblaue Kappe, weißer Schnurrbart, marineblauer Rollkragenpullover, marineblauer Überzieher, hellblaue Jeans, olivenfarbene Gummistiefel.

„Voilà l' Autrichien", sagt er. „Reden wir miteinander. Von wo kommen Sie?"

„Aus Niederösterreich, meine Frau kommt aus Kärnten."

Der Mann schaut mich mit Elefantenaugen an. „Carinthie?" Dann die knappe Frage: „Was sagt ihnen der Loibl?"

„Das ist ein Paß, der nach Jugoslawien führt. Ich selbst bin noch nie oben gewesen."

„Sonst wissen Sie nichts über den Loibl?", insistiert er.

Ich muß verneinen.

„Vom Tunnel wissen Sie nichts?"

„Nein."

„Es ist Ihnen nicht bekannt, daß der Tunnel von Deportierten gegraben worden ist? Leute von uns waren dabei."

Ich muß gestehen, daß mir das nicht bekannt ist.

„Am Loibl befand sich ein Nebenlager von Mauthausen. Morgen werde ich Ihnen ein Buch bringen."

Dann lädt mich mein Gegenüber auf einen Whisky ein, es werden einige Whiskys daraus. Der Mann heißt Amedée, er lebt vom Verkauf weithin berühmter Kaldaunenwürste, Pasteten und Fischsuppen, die er in einer winzigen Werkstatt aus Wellblech herstellt. Offizielle Funktion hat er keine inne, freilich ist er so etwas wie das unbestrittene Oberhaupt der Alten im Dorf. Einmal ist er vor einem Hinrichtungspeloton der SS gestanden, konnte sich im letzten Augenblick durch eine Bresche in der Mauer zwängen, vor die man die Maquisards gestellt hatte, irgendwie ist er davongekommen. Seit er so dem sicheren Tod von der Schaufel gesprungen ist, gilt er als Orakel. Ich erwähne meinen Vater, der noch mit uns im Dorf lebt. Amedée hat ihn schon kennengelernt, da er am Sonntag mit den Bauern im Café sitzt. „Er hatte Unannehmlichkeiten mit den Nazis, er ist einer von uns. “, sagt Amedée. Nach dem letzten Whisky streckt er seine Pranke aus, drückt mir die Hand: „Accepté! Angenommen!“

Ein Jahr später starb mein Vater. Er ist in der Dorfkirche aufgebahrt. Nach dem Requiem marschieren sechs Alte mit Baretten auf den Köpfen zum Sarg und nehmen ihn hoch, tragen ihn zum Friedhof auf der Kuppe über dem Atlantik. Nachdem sie ihre Last an Stricken in die Grube gelassen haben, salutieren sie. “C'était notre camarade!“

Das versprochene Buch hatte Amedée übrigens am Tag nach unserem Gespräch bei Petit Pierre vorbeigebracht. Er klopfte an unsere Tür und überreichte es gemeinsam mit einer Schachtel, die er mit Würsten aus seiner Produktion gefüllt hatte.

Das Buch hieß „Le Tunnel“, geschrieben von André Lacaze, einem ehemaligen Häftling vom Lager am Loibl. Es ist die Geschichte jener kleinen, sehr übersichtlichen Hölle, welche die SS in der idyllischen Bergwelt der Karawanken eingerichtet und betrieben hatte.

Vor allem aber handelt das Buch von einem Klagenfurter Arzt, der marode Häftlinge mittels Phenolspritzen in die Arterie zu ermorden pflegte. Dem Arzt, er war ein fescher Bua, ist abgesehen von einem Todesurteil mit prompter Begnadigung zu lebenslanger Haft und ebenso prompter Enthaftung wegen Haftunfähigkeit nichts weiter passiert. Er führte seine Praxis weiter, angesehen von der Gesellschaft.

Auch das eine Kärntner Sage.

Aber irgendwann muß jemand mit Blut eine Grenze geschrieben haben, zwischen dem Land der großen Mutter, dem Kärnten meiner Kindheit und dem Kärnten der Buam, denen nichts und niemand heilig ist. Und schon gar nicht die Muatter.

Kärnten reicht, im Guten wie im Bösen, weit in den Weltraum hinein.

# GRABLEGUNG

An einem dieser Nachmittage der fünfziger Jahre also bin ich im geträumten Kärnten abhanden gekommen. Meine Großmutter hat aus dem grauen Buch vorgelesen, da sind mir die Augen zugefallen. Draußen fallen die Flocken, ein dichter Vorhang.

Bald wähne ich, an einer hölzernen Stubenwand zu lehnen, im Feuer singt der Kessel auf dem Dreifuß. Da tappt etwas auf dem Dachboden oben, wo den Winter über die Särge aufbewahrt sind, der eine für den Fall, daß der Knochenmann mit dem breitkrempigen Hut das Ahndl holen kommt, der andere als Notbehelf für einen weiteren Heimgang. Es sind aber die Kletzen drin aufgehoben, für die Kletzennudeln zu Weihnachten. Ja, es weihnachtet und im Stall draußen steckt das Vieh die Köpfe zusammen. Der Bauer holt am Heiligen Abend eine Schaufel voller Glut vom Herd und streut Speik darauf, gemischt mit Pontifikal-Weihrauch. Die Bäurin hat das Betbüchel vom Nachtkastel genommen und den Weihbrunnkessel vom krummen Nagel. Grad', daß sie sich nicht überschlägt, so hell ist ihre Stimme, wenn sie durch die Räumlichkeiten geht: „Maria mit dem Kinde lieb… "

Jetzt steht schon der Fasching da, mit Flinserln behängt, und ich trage sein Kleid. Aber aufpassen muß ich, daß mir die Maske nicht ans Gesicht wächst. Wer im Fasching zu ausgelassen ist, dem näht der böse Feind die Larve an.

Die anderen Kinder stehen auch schon am Kirchtor, tragen jedes ein Körberl, drin sind Speck, ein Stritzel, ein Reindling, rote Eier und eine Krenn-Wurzel. Der Pfarrer kommt heraus und spritzt Weihwasser auf die Speisen. Wenn dann Auferstehung ist, stehen die Leute um die Grabhügel und schauen den Kerzerln zu, die in den roten Gläsern flackern.

Es ist schon Mai. Der Flieder und die Schwertlilien duften süß am Hochaltar, daß mir schlecht wird vor Entzücken, süß die Lieder, die sie heute abend singen: „Es

blüht der Blumen eine, auf ewig grüner Au." Süß wie Maiglöckchen und sterbensselig wie Weihrauch und Myrrhe, furchtbar und mild: Die glorwürdige Königin schaut aus der Gloriole der sterbenden Blumen und der Wachskerzen, die sich verzehren, der Duft nach himmlischer Liebe und Verwesung macht die Sinne gefügig. Ministranten schlagen das Sistrum, mir wird es vor den Augen schwarz.

Das Bimmeln ist zum Gedröhne geworden. Heller Tag. Ich schaue auf das Nachtkastel: Ein leinernes Deckerl mit dem Kärntner Wappen. Vor der Glastür zeichnet sich der Kirchturm mit dem vergoldeten Schein ab, aus der Glockenstube dröhnen die Feiertagsglocken. Gelandet in Kärnten. Aufgewacht unter einer Tuchent, gefüllt mit dem Flaum Kärntner Gänse. Aufgewacht in Weitensfeld. Meine Großmutter liegt seit gut fünfundzwanzig Jahren in der kühlen Erde, längst verschwunden ist ihr graues Buch. Dafür befinde ich mich im real existierenden Kärnten, bin verheiratet mit einer Kärntnerin, die mir auf neutralem Boden, im südsteirischen Weinland, unter Blitz und Donner mit einem Kandelaber in der Hand entgegengekommen ist.

Gestern haben sie in der Kirche drüben gesungen: „Veni creator spiritus." Auf die barocke Kanzel sind bunte Bilder gemalt. Darunter eine grüne, mit einem dicken Nagel ans Kreuzesholz geheftete Schlange.

Gestern sind sie unter dem Absingen ihrer Gstanzln von Haus zu Haus geritten, in schwarzen Hosen und hellen Jankern, der Bürgermeister voran. Heute ist Pfingstmontag, da geht es um die steinerne Jungfrau, um die Mutter des Marktes, um Pest und um Opfer, Tod und Fruchtbarkeit. Um zwielichtige Geschichten, über die ein Bann aus Tradition und Schweigen liegt. Wie die Wolkenlast des gegen Mittag aufziehenden Gewitters. „Wird wohl aushalten", hoffen die Gäste an der Schank und schauen alle paar Augenblicke aus dem Fenster. „Sie kommen", schreit einer und alles drängt sich aus der Tür auf die Straße.

Ein Hagelwetter galoppiert daher, die Hufeisen der Rosse schlagen Blitze aus dem Pflaster, der Donner fährt drein vom bleigrauen Himmel. Die Leute hängen über die Fensterbretter, stehen auf der Straße Spalier, Kopf an Kopf! Jetzt donnert es wieder herauf, Ruten klatschen über die schweißnassen Kruppen, die gewaltigen, in Lederhosen ge-

preßten Gesäße der Berittenen heben sich aus den Sätteln, im Wetterwind lüften und bauschen sich ihre fahlen Janker. Geknickte Pfingstrosen baumeln leblos von den Hutbändern: Pfingstmontag in Weitensfeld. Ein drittes Mal rast es durch die Straße, Rosse und Reiter sind im Rausche vereint, da und dort wieder glitscht ein Zentaur auf einem Roßknödel aus, erfängt sich, Schaumflocken fliegen schneeweiß durch den Luftzug. Keiner von denen, die da dreimal die Straße hinunter und wieder herauf jagen, hat die Pest, meint der eine, keiner wird jemals von der Pest befallen werden, meint der andere, seit Jahrhunderten hat keiner im Orte die Pest gehabt, meint ein dritter. „Wir haben die Kraft geerbt", meint der erste, läßt die Zügel schleifen und tritt seinem Pferd die Sporen in die Flanken, „wir haben die Berge geerbt", lacht der andere, „wir haben das Recht geerbt", höhnt der dritte zur steinernen Frau hinauf, die am Marktplatze aufgerichtet ist.

Der Sieger küßt die Leiche...

„Als im 15. Jahrhundert in Kärnten die Pest wütete, blieben von all den Bewohnern männlichen und weiblichen Geschlechtes nur mehr drei Bürgersöhne und das Burgfräulein des nahen Schlosses am Leben. Da entspann

Bild umseitig:
Daß die Funken sprühen

sich zwischen den drei Jünglingen ein Streit, welcher von ihnen das Mädchen zur Gemahlin erhalten solle. Ein Wettlauf sollte entscheiden. Die Jungfrau stellte sich am Brunnen auf, mit den Schlüsseln des Hauses in der Hand, und versprach, dem ins Haus folgen zu wollen, der als erster bei ihr anlangen und sie küssen werde. Dieser Wettlauf wurde veranstaltet und der Sieger führte sie als Braut heim. So ward sie die Stammutter der gegenwärtigen Bevölkerung des Marktes."

Weiß angezogen sind die drei Helden, wie die Schäferkinder zu Fronleichnam, und eine Schärpe haben sie um Brust und Leib geschlungen, rot, wie eine Hiebwunde. Sie haspeln sich das Beuschel aus dem Leib, wenn sie jetzt, nach dem Unwetter aus Funken und donnernden Hufen, um die Wette rennen. Da wirft sich einer in die Zielstrecke, an der Trafik vorbei, vorbei an einem der Wirtshäuser, an der Raiffeisenkasse. Die zwei anderen verfallen in gemächlicheres Traben, geben auf. Der Sieger hat einen Kopf, so rot wie ein Paradeiser, schon ist er angekommen, am Sockel der Statue. Die ist weiß gekleidet und hat, wie zum Opfer, eine rote Schärpe um den Leib gebunden.

Die Feuerwehrmänner haben eine Leiter angelehnt, auf die heißt es jetzt hinaufklettern. Sprosse um Sprosse, die Füße sind bleischwer nach dem irrwitzigen Lauf, es schwankt die Welt, kippt aus ihrer Bahn. Des Siegers Arme schließen sich um den steinernen Leib der Jungfrau. Mit blicklosen Augen schaut das Monument auf den Burschen, starr hält die Jungfrau ihre steinernen Arme an den Leib gepreßt. Der Erhitzte preßt seine roten Lippen auf Lippen aus Stein. Er erhält den Kuß einer Leiche, den Schlüssel aber erhält er nicht, den die Jungfrau über ihre Schürze hängen hat.

In der Totenstarre noch bleibt sie die Herrin, es mag sie zu küssen wähnen, wer da wolle. Mag er ihr den Kranz vom Haupte holen, sie bleibt aus Stein. Die Musikkapelle schert sich nicht darum und mit Tschinderassabumm und mit dem Kärntner Liedermarsch spielen sie der jauchzenden Menge auf, von den Kirtagsstandeln baumeln die Lebkuchenherzalan und die drauf mit Zuckerguß geschriebenen Sprüch' sind so verlogen wie süß. Der Sieger aber ist aus seinem Traume erwacht, im Triumph führen sie ihn ins Wirtshaus, morgen

wird sein schweißtriefendes Konterfei in den Kärntner Zeitungen abgebildet sein.

Wenn der Tag sich neigt, lumpern sie alle beim Schweinsbraten und beim Bier beieinander in den Wirtshäusern und überschlagen sich in großen Sprüchen. Die Roß haben ihren Habern gefressen und ruhen in ihren Ställen. Der Pfingstmontag ist überstanden. Die Wirte überschlagen Gewinn oder Verlust.

Im Garten draußen tragen die Obstbäume schon schwarze Kronen. Hinter ihnen ragt die schwarze Silhouette des Kirchturmes vor dem bleifarbenen Sargdeckel der Bewölkung auf, die heute nicht mehr abziehen wird.

Wer die zweite, schwarze Geschichte um den Pferdetanz und das vergebliche Rennen zu erfahren trachtet, dem bleibt nichts übrig, als durch den taunassen Garten zu gehen, sich ziehen zu lassen vom gähnenden Tor dort drüben. Du öffnest das Gitter, dein Schatten huscht über das Torgewölbe. Dahinter, im Friedhof, flackern die Lichter in den roten Gläsern. Auf jedem Grabhügel flakkert eines, zwei Meter über den vermoderten Herzen der alten Weitensfelder. Gepreßt vor Atemnot schaut der Schmerzensmann vom Holzkreuz auf das brennende Hügelland.

Was ist diesem Land widerfahren? Was haben sie mit diesem Land getan? Es ist schade, daß das graue Buch verschwunden ist. Denn da war doch noch eine Sage gewesen, von der ist am Pfingstmontag in den Wirtshäusern Weitensfelds selten die Rede. Genausowenig, wie im real existierenden Kärnten von der Grenze die Rede ist, die sie mit Blut zum stillen Feenland geschrieben haben.

Von der Weiten hört man es aus den Gaststuben jauchzen. Drei, vier Maß Bier, und die Buam schaun sich in den Gastzimmern ganz tief in die Äugalan. Brauchen nichts zu sagen, wissen's ja eh. Die Buam haben sich gegenseitig die Herzalan verschenken müssen, damals.

Einer hat des anderen Herz im Pfand. Die alten unter den Buam lispeln zwar ganz leise, aber der Satz steht, einer Teufelsbeschwörung gleich über den Wirtshaustischen: „War ma ja doch wohl alle dabei, was war denn schon drån?“ Die jungen Buam sind auch alle schon längst blau, und grinsen sich eins.

Bild umseitig: Weitensfelderinnen mit Bänderhut

Wo waren sie dabei? Wo waren sie bloß dabei, die Buam, die sich in der Nacht um keinen Preis aus ihren schwülen Gastzimmern zu den flackernden Lichtern heraustrauen? Wo haben sie die Geschichte versteckt? Wo liegt sie begraben?

„Nach der zweiten Fassung soll jene Jungfrau im Mittelalter, als eine furchtbare Pest im Gurktal wütete, an der Stelle des Marktbrunnens bei lebendigem Leibe begraben worden sein. Die Marktbewohner hielten dies für das beste Mittel, die Seuche zu vertreiben... Da hörte man eines Tages aus der Luft eine Stimme erschallen, die kundgab, daß die Seuche sofort verlöschen würde, wenn man einen Menschen lebendig begrabe. Die Leute, die dies hörten, wußten sich nicht zu raten, keiner wollte freiwillig eines so schrecklichen Todes sterben. Endlich einigte man sich dahin, daß der, der am Sonntag nach der Messe als erster die Kirche verlasse, das Opfer sein solle. Zwei Männer hielten vor dem Kirchtor Wache, als ein junges Mädchen, sie war Kellnerin, aus der Kirche trat. Doch kaum war sie einige Schritte vorwärts geeilt, so wurde sie von den Männern ergriffen und zum Grab geschleppt, das zu diesem Zweck aufgeworfen war. Wohl bat sie die Männer händeringend, sie doch zu verschonen, sie habe die Kellerschlüssel bei sich und müsse nach Hause eilen. Aber ehe die Leute aus der Kirche kamen, lag sie in der Grube, Steine und Erdschollen bedeckten sie. Später aber errichtete man der Jungfrau zum Andenken an ihre Opferliebe auf dem Marktbrunnen ein Denkmal."

Das haben sie mit diesem Land getan.

Einer der Buam hat des anderen Herzale im Pfand.

Sie sind Kameraden.

Es is ja nix drån gewesen, wie sie das alte Kärnten begraben haben. Soll es hinunterfahren in die Gruben, die Herrin, die Jungfrau, die Mutter, die Alte. Soll sie hinunterfahren mit ihren Künsten und geheimen Wissenschaften, mit ihrem Schlüsselbund, an dem der Kellerschlüssel hängt.

Dafür gehört die Straße jetzt den Buam. Sie wähnen die Pest erloschen, doch die Pest hat sich aus den Beulen zurück in die Herzen gezogen. Der gemeinsame Mord hält die Seuche lebendig, wie an dem Tag, als sie durchs Gurktal geschlichen ist, um zu schauen, was hier zu tun wäre.

Im übrigen haben die Buam den Anblick der alten Brunnenstatue auch nicht mehr ausgehalten, die sie von früh bis spät angeschaut hat, mit den Augen der Geopferten. Sie haben eine neue Statue hingestellt, aber der sind bald die alten Augen nachgewachsen. Jetzt steht die dritte Statue überm Brunnen, die ist aus totem Kunststein gegossen. Sie schaut mit den gleichfalls nachgewachsenen Augen auf die Reiter, wie sie alle Pfingstmontag ihre Roß durch den Markt hetzen, auf die drei Burschen, die um ihre Gunst rennen. Was soll ihr das Küssen? Soll'n ihr lieber aus dem Grabe helfen, dann würde sie sich schon erbarmen.

So viele Lichtalan flackern über dem Hügelland des Weitensfelder Friedhofs. Das Grab der Jungfrau ist eingeebnet. Den Schlüssel zum Keller hat keiner mehr gefunden.

Wer Kärnten gern hat, der muß es ausgraben, fällt mir ein, während ich die Kirche im Uhrzeigersinn umrunde. Nicht einer allein, die Grableger haben ganze Arbeit geleistet, und die Jungfrau ganz tief gebettet. Aber wenn jeder ein paar Spatenstiche macht, dann müßte es langen. Dann singen wir der Begrabenen ein paar Gstanzln vor. Bis sie aufwacht.

GEORG

# CAROLINODROM

Anderswo auf dem Kontinent mag sich das Patriarchat durchgesetzt haben. Nicht so im unterirdischen Kärnten. Das habe ich im Hause der Malerin Caroline in Wernberg erfahren, das erste Haus einer Kärntner Künstlerin, das ich betreten habe, bald nachdem ich in Kärnten aufgewacht war: Ein altes Haus, voller Winkel und Gänge, mit niedrigen Gewölben und steilen Stiegen. Caroline malte an ihrem Zyklus „Carolinodrom", einer Beschwörung der Unsichtbaren, die in diesem Hause spukt. Der Zyklus wurde zu einem illustrierten Reiseführer durch das begrabene Kärnten.

Ganz Kärnten ist ein Carolinodrom. Hierzulande haben die Schwestern, Mütter, Groß-und Urgroßmütter niemals abgedankt. Sie ziehen die Fäden im Lande. Ansonsten kümmern sie sich nicht weiter darum, was sich an der Oberfläche an kindischem und halbwüchsigem Getue ereignet. An die politische Sprache mit ihrer kläffenden Aufschneiderei, das puerile Volksgruppengerangel, das ständige Aufmarschieren, Grenzenziehen und Gedenksteinsetzen, womit sich die Mannsbilder ums Erwachsenwerden herumdrücken, haben sie sich längst gewöhnt. Für sie, die Machthaberinnen, hat sich seit der Steinzeit nichts geändert. „Sollen sie da oben aufmarschieren und ihren kriegerischen Mummenschanz aufführen", meinen die Schwestern, Mütter, Groß- und Urgroßmütter. „Sollen sie am Stammtisch die Welt an ihrem Wesen genesen lassen und hie und da einen Häuptling auf den Schultern durch die Kegelbahn tragen, solange uns die Macht bleibt über den Mittag und die Mitternacht, solange wir das Garn spinnen, in welchem die da droben sich irgendwann einmal verhaspeln, solange wir die Kinder und die Toten waschen und die gewissen Örter uns gehören, soll's uns recht sein."

Das Carolinodrom wird von den Weiberleuten regiert. Wer beabsichtigt, das Carolinodrom zu erforschen, der muß sich verstecken. Nur stad sein und zuschauen, wie die Schwestern, Mütter, Groß-und Urgroßmütter am Herd hantieren, wie sie sich die alten Geschichten ins Ohr tuscheln. Wer das Carolinodrom kennenlernen will, der

CAROLINE 95

muß das Maul halten und losen: Im Dachgebälk des Kärntner Hauses rumpelt es. Es geht um und klopft und kichert. Wenn die Rauhnächte kommen, schleichen die Perchten um den Hof. Wer sich zu den geraden Nachtstunden über den Bereich hinauswagt, den die Dachtraufe überdeckt, der lernt sie kennen…

Die eingeschneiten Sennhütten werden von der Winterbrentlerin bespukt. Die kocht überm Dreifuß allerhand zusammen. Gut steht der Teadin der gefrorene Strohhut auf dem blanken Schädel. Da vorne hockt sie an der Weggabelung. Auf dem Karawankenkamm tanzen die saligen Frauen. Drei Weiber aus Eichenholz, im Stamme zusammengewachsen und mit Efeu bekränzt, starren unverwandt vom Ulrichsberg in die Runde.

Die Zeltschacherin, die im wahrlich heiligen Respektsabstand von fast tausend Jahren endlich doch noch irgendwie heiliggesprochene Urgroßmutter, kauert gar tief im Gewissen der Leute und es kann sie keiner loswerden, mag er noch so schreien und stampfen. Die Aufklärung, eine Männerangelegenheit anderswo, wird von der Erzherzogin Marianna im Carolinodrom eingeführt. Sogar die Freimaurer haben sich an ihre schöne Brokatkittelfalte gehängt.

Sicher haben sich die Mannsbilder nie gefühlt, in einem Land, wo sie an den Wirtshaustischen, bei den Vereinsversammlungen und in den Parteigremien zwar immer einen Haufen zu sagen, aber niemals etwas zu melden hatten. Wer sind diese monumentalen Frauen in den verschüchterten Augen der Mannsbilder? Am Ende sind es gar Hexen! Deshalb stampfen die Mannsbilder, die alten und die jungen Buam, in erdbraunen, maikäferfarbenen Loden gehüllt, bei jeder Gelegenheit auf die Erde, marschieren, knallen die Hacken zusammen und spielen Krieg. Wie sie sich anstrengen, gefährlich auszuschauen, um womöglich ein Quentchen Achtung oder gar Furcht zu erlangen: Die Buam rotten sich zusammen, die Alten knallen mit Böllern in der Gegend herum. Es hilft nichts. Sie ahnen, daß sie nicht viel wert sind, in den Augen der Mächtigen da unten, daß sich die Weiberleut nicht lang um sie umschauen.

Im Carolinodrom machen die Frauen die Bilder. Frauenbilder, wie die Willendorferin oder ihre Schwester aus Lespugne. Zuweilen sitzt Caroline im Kreise ihrer

Caroline, „Erlkönigin“

Schwestern über Kärntens Geschicke zu Rate. Aber auch, wenn sie allein ist, in ihrem Hause zu Wernberg, hält sie ihre gespreizten Finger über das Drautal. Diese Mugel und Täler kennt sie ebensogut wie ihre Tarotkarten und die ungebärdigen Poltergeisterchen im Dachboden. Sie wundert sich über gar nichts, was da aus der Erde heraufdampft, sprießt und wächst: Nebelgebilde, Erdgeister und fleischfarbene Blumen.

Das ganze Becken bis an den Karawankenrand ist ihr Kessel: Schön ist häßlich, häßlich schön, so summt es, wenn das phantastische Gebräu zu sieden anfängt. Das Unterscheiden überläßt sie, wie der Saligen eine, den Buam, die nichts Besseres zu tun haben, als scheiden, trennen, unterscheiden und begrenzen. Damit stehlen sie den unteren Regentinnen den Tag.

Caroline gibt sich mit dem ungeteilten Kärnten ab. Humor ist Tragik, Weinen ist Lachen, Traum ist Wachheit. Im ungeteilten Kärnten wächst alles in seliger Gleich-Zeitigkeit.

Die „Gewitterskelettöse" planscht mit „Batman" im „Floralbad" herum. Schlangen und Embryos vertragen sich im gegensatzlosen Un-Ort der Matrix. Der Zauberer Merlin, der keltische Prometheus, ist im Luftschloß des Noch-nicht-Geborenen, der morgige Tag ist noch unentschieden, es gibt keinen morgigen Tag, weil es kein Gestern und kein Heute gibt. Alle Erscheinungen sind ungeboren.

„Wir werden schon sehen, was die Buam damit anfangen werden", sagen die Schwestern. Ob sie neue Industrien anstelle der bankrottgegangenen ansiedeln, eine Autobahntrasse hier, oder vielleicht doch besser dort anlegen werden, alle diese epochemachenden Entscheidungen sind noch nicht getroffen. Jede Möglichkeit tanzt gleichberechtigt durchs Carolinodrom.

„Wie du's auch angehst, ist es falsch", raunen die Schwestern, Mütter, Groß- und Urgroßmütter den Entscheidungsträgern ins Ohr und schauen ihnen dann zu, wie sie's angehen. Das oberirdische Kärnten schaut dementsprechend aus.

Nicht so das Carolinodrom. Das Carolinodrom ist den wilden Buam ebenso verschlossen wie den zornigen alten Männern. Die Aufenthalte der Mannsbilder sind, aufs

Ganze einer Lebensspanne gerechnet, nicht mehr als visumpflichtige Kurzurlaube.

Wer vermeint, anläßlich eines „Urlaubs bei Freunden", das ungeteilte Kärnten gesehen zu haben, der ist an der Peripherie herumgetappt und dabei den Flunkereien der Buam oder den Aufschneidereien der Alten aufgesessen.

Kärnten läßt sich nur durch behutsame Rückführung in Präexistenzen bereisen. Wer solches ernstlich wagt, der kommt allerdings auch an. Vielleicht.

Eingänge, gesalbte Pforten wären genug vorhanden. Caroline malt sie, sperrangelweit stehen sie couragierten Forschern offen.

Mann betrete also die Bilder.

Ob Mann aus dem Labyrinth wieder zurückfindet, ist eine andere Frage.

# SANKT HEMMA

Breitbeinig sitzt sie da, im Schatten einer Bauhütte, und schaut, wie die Mannsbilder fleißig die Quadern behauen und polieren, bis sie sich makellos in den Bau fügen. Sie ächzt, jetzt darf sie sich gehen lassen, im Alter. Wie sie da hockt, in erschöpfter Haltung, die Krückstöcke über den Unterarm gehängt, wenn sie ihre zuschanden gelaufenen Beine streckt und sachte spreizt, so ist sie lang noch eine hochherrschaftliche Frau. Wo immer sie sitzt, da ist ihr Thron. Dergestalt, ohne Antlitz, denn wer vermöchte heute die Gesichtszüge einer Riesin imaginieren, plump und hoheitsvoll, rings behängt mit der Bresthaftigkeit ihrer flennenden Untertanen, hat sie die Kärntner Künstlerin Meina Schellander im Jahre 1988 zur Hemma-Ausstellung in einen Keller der Straßburg gesetzt. Eine weiße Kugel stellt das Haupt der heiligen Riesin dar. Richtete die ungeschlachte Gestalt sich auf, würde sie mit einem Ruck ihrer Sehnen und Muskeln das niedrige Gewölb über ihr sprengen.

Irgendwann einmal hat sie, die Mächtige, dem Grafen Wilhelm von Friesach und Zeltschach die Hand gereicht. Zwei Söhne sind irgendwann einmal aus dem Schoß der heiligen Hemma gekrochen. Sie sollen Wilhelm und Hartwig geheißen haben. Haben ihre Zeit gehabt auf der Kärntner Erde und der Erde von Krain, waren wohl raufsüchtig und jähzornig und dann sind sie mit Keulen erschlagen worden, von jähzornigen und raufsüchtigen Bergknappen, die sich auch nicht alles haben gefallen lassen, und dann sind die zwei Buam wieder eingegangen in die Erde und der alten, der unverwüstlichen Mutter kommt es vor, als wären sie in ihre eigenen Eingeweide heimgekommen. Nach all den wilden Dummheiten.

Verwunschener Bergsegen

Die heilige Hemma der Legende weiß nicht mehr, wie alt sie ist. An ihre Kinderzeit kann sie sich nicht erinnern. Ob sie überhaupt je ein Kind gewesen ist? Auch die Historiker von heute könnten ihr nicht mit Daten beispringen; sogar die kirchenfrömmsten unter ihnen haben keine Ahnung über die näheren Umstände ihrer Existenz. Ehe man sich in Rom, aus welchen Gründen immer, ent-

schloß, die längst Heilige richtig heilig zu sprechen, da entsannen sich die ratlosen Monsignori der Tatsache, daß eine Schriftstellerin namens Dolores Vieser einen Roman mit dem Titel „Hemma von Gurk“ geschrieben hatte. Rom schickte also die Prüfungskommission zu Dolores Vieser und diese erzählte den geistlichen Herren, was sie hören wollten, aus ihrem Roman nach.

Den Frommen, in Kärnten wie im Slowenischen, bedeutete diese Heiligsprechung im Unglücksjahr 1938 nichts. Seit eh und je hatten sie Respekt vor der resoluten Mutter gehabt, lange vor den Tagen der heiligen Hemma und während ihres sagenumwitterten Lebensganges und nachher. Schon darüber nachzudenken, ob sie eine Heilige war oder nicht, wäre den Frommen als Frevel vorgekommen.

Der Umstand, daß einer der Betreiber ihrer späten Erhebung zur Ehre der Altäre jener unselige Bischof Hudal war, dessen Lebenswerk im Versuche bestand, eine Annäherung zwischen Nationalsozialismus und Christentum zu erreichen, ist ein Teil der Kärntner Fatalität: Die Frommen im Gurktal ahnten es und blieben stumm, als man sie zu frohlocken anhielt. In Kärnten ist in diesem hoffärtigen Jahrhundert kein Stein auf dem anderen geblieben. Immer wieder haben die Buam ihre Ehre darin gesucht, die Heiligtümer der Alten zu besudeln und zu schänden. Die alten Kärntner haben das Maul gehalten und gewußt, daß das Neue sich nicht halten wird.

Selbst in der pompösen und nach Weihrauch duftenden Urkunde zur Heiligsprechung der Zeltschacherin hat der Ungeist der Buam Spuren hinterlassen. Brauchten die Frommen das Telegramm aus Rom: „Sancta Hemma, orat pro Carinthia“, das ihnen die Heiligkeit der Heiligen amtlich bestätigen sollte? Sie brauchten es nicht. Seit die heilige Hemma oder die Isis Noreia im Lande sitzt, hat niemand an ihrer Heiligkeit gezweifelt.

Wie dann die Zeltschacherin hinübergestanden ist in ihren Himmel, da haben die Frommen gleich ein Weibel bezahlt, daß sie am Sarge sitze und aufpasse, damit das Lichterl nicht ausgehe. Hatte einer der Frommen den Star, so beklagte er sich bei der alten Mutter und sie hat das schon so eingerichtet, von ihrem Himmel her, daß dem Armen ihr Ring aufs Auge gelegt wurde. Oder war da ein Stummerl und die Mutter hat es vom Himmel herunter

Bild umseitig:
Wo Sankt Hemma wohnt.

gesehen, schon hat sie ihm das Zungenband gelöst. Geschwülste hat sie aufgestochen, Fieber gelindert, Kindsnöte gewendet, Tote erweckt. Die Mutter bedurfte keines Gewerbescheines aus Rom, um zu trösten.

Tief saß den Frommen die Ahnung in der Seele, daß die riesige Zeltschacherin ihre eigene Mutter sei, und daß mit ihren wilden dummen Söhnen niemand anderer gemeint sein konnte, als sie selbst, die gedankenlosen, aufbrausenden Kärntner. Tief sitzt bis heute die Angst vor der Rückkehr in den Eingeweiden der Kärntner Erde, in den Seelen der Kärntner.

Was bewahren sie auf von den Habseligkeiten der heiligen Hemma? In einem kostbaren Reliquiar im Dom zu Gurk sind ein Hut und ein Zockel ausgestellt. Wem Hut und Schuh gehört haben, das weiß keiner mehr. Dafür tragen die Frauen im Gurktal bis heute den hohen, feierlichen schwarzen Hut, den ihre Ahninnen schon vor Jahrtausenden getragen haben und immer noch tragen, auf den keltischen Epitaphen.

Wer sich mit den zweifelhaften Kleidungsstücken nicht zufrieden geben will, wer die Epiphanie der heiligen Hemma zu erfahren sucht, der muß hinunter unter die Erde. Rechts und links von der Blei-Pietà des Raphael Donner führen die Stufen in die Krypta hinunter, hinein in den dämmrigen Säulenwald, in dessen tiefster Tiefe der Sarkophag verborgen ist. Im Spätherbst, wenn nur wenige Besucher den Weg nach Gurk finden, wird in dem riesigen Kirchenschiff und in der Krypta an Licht gespart. Da kann es vorkommen, daß hier unten nur der Flackerschein eines Kerzerls die steinerne Kiste beleuchtet. Man befindet sich im Eingeweide des Domes, im Schoße der heiligen Hemma. Der Gedanke an historische Recherchen kommt hier unten nicht mehr auf.

Das Haupt der heiligen Hemma, das Meina Schellander nicht darzustellen wagte, hier ist es: Unter dem Sarg wächst der steinerne Kopf aus der Erde und schaut den Besucher an. Den Blick dieses Hauptes zu vergessen, ist niemandem, den er einmal angestarrt hat, mehr gelungen. So muß die heilige Hemma die Bergknappen angeschaut haben, die Mörder ihrer Söhne und die Leichen der Söhne selbst, wie sie da lagen, mit eingedroschenen Schädeln auf der Halde. So muß sie ihren Vermählungsring angeschaut haben, bevor sie ihn vom Finger zog und ihn in den Teich

HL. Hemma, bitte für uns!

unterhalb des Kuster im Glödnitztal warf, um den Bergsegen des aufmüpfigen Landes zu verwünschen: „Bis dieser Ring nicht wieder gefunden wird, sollen die Silberadern des Kuster unsichtbar werden und die Salzquelle versiegen!“ Und aus war's mit dem Mondmetall, mit dem Metall der großen Mutter. Sollen sie doch suchen, die großmäuligen Buam.

So muß sie auch ihren Ehegespons, den nachmals seligen Wilhelm, angeschaut haben, nachdem der ohne bei der Mächtigen nachzufragen, den Marktplatz von Friesach mit dem Blut der Knappen gewaschen hatte. Zu Lebzeiten würde er unter diesem Blick nimmermehr recht selig sein. Er ist diesem Blick auch ausgewichen und nach Rom gegangen, um Buße zu tun. Heim hat er sich nie mehr getraut. Und als er's dennoch versuchte, da ist ihm schon auf der Saualpe, beim Bauern Lenz in der Auen, das Herz vor Bangigkeit stehengeblieben.

Schläft die heilige Hemma jetzt, oder sitzt sie gerade auf ihrem Stein im Winkel und blickt einem unentwegt in den Nacken? Sie hat es kommod hier unten. Ein paar Schritte und sie kann von ihrem Beobachtungsposten ins marmorne Bett huschen, das Kerzerl flackert, wenn ihr Kittel vorüberweht. Stöcke und Krücken hat sie, an den Stein gelehnt, liegen gelassen.

Was aber, wenn sie einmal ausgeschlafen ist und der Gruft überdrüssig geworden? Davor, daß die große Mutter aus ihrem modrigen Bett steigt und sich ihrer Macht besinnt, steigen den Buam die Grausbirnen auf. Schneeweiß wie eine Salige kann sie jederzeit, heute, morgen, im Kärntner Himmel aufgehen, ein altes, ewig jugendliches Gestirn, weise, stark und von berückender Schönheit: „Wenn der Mond mit seinem silbernen Licht vom dunkelblauen Himmel erglänzte, umstrahlt von viel tausend flimmernden Sternen, da ergriff auch die Salkweiber ein starkes Sehnen“, heißt es in der Sage. Was, wenn sie, die Landesherrin seit grauer Vorzeit, sich ihres Spieles besinnt, das sie mit den Bauleuten am Gurker Dom zu spielen pflegte: „Die Sage erzählt, daß sie hier jedem, der mit seinem Lohn unzufrieden war, die volle Börse vorhielt. Und sieh', es bekam jeder, wenn er auch noch so gierig zugriff, nur das, was er verdiente.“

St. Hemmas Bett

Die Börse der Hemma, das Füllhorn der Isis: Wer

hineingreift, der erhält, was ihm zusteht. Wer der Mutter begegnet, dem zeigt sie, wieviel er wert ist.

Groß ist die Furcht der Buam vor der Epiphanie der Zeltschacherin. Kaum haben sie geglaubt, die Isis im Schutt ihrer Tempel begraben zu haben, da kommt sie in notdürftiger Verkleidung wieder zum Vorschein, kaum liegt

Sankt Hemmas Hut in den Lüften

Sankt Hemma sicher verwahrt in ihrer steinernen Truchn in der Gurker Krypta, schon erscheinen da und dort gescheite Frauen, und wenn man genau hinschaut, so entdeckt man unter der Maske das altvertraute, zauberhafte, furchtbare Antlitz. Den Frommen zur Verzückung, den Buam zum panischen Schrecken.

# 19 C+M+B …
# DIE TÜREN DES JOSEF TICHY

In den Angeln, welche am Türstock angebracht sind, hängt die Türe, schwingt auf, fällt zurück ins Schloß.

Die Türe verbirgt das Leben vor dem, der, im Todesschatten wandernd, nach einem bunten Schicksal begierig, nach Geburt strebt. Vor dem Lebenssatten, den es ins Kühle zieht, versteckt sie die elysäischen Gefilde.

Die blutige Pforte am vermeintlichen Anfang. Der Mensch, der sich durch dieselbe gequält hat, muß einer Waschung unterzogen werden.

Die schwarze Türe, das längliche Geviert im Rasen, verschluckt ihn auf Nimmerwiedersehen, nachdem er abertausend Türen durchschritten, vor Türen gewartet hat, wie ein Bittsteller, nachdem er Türen zugeschmissen, sich an Türen vorbeigeschlichen hat, nachdem er noch einmal einer Waschung unterzogen worden ist.

An jeder Tür blitzt die Erinnerung auf an die blutige Pforte, wetterleuchtet die Vorahnung der schwarzen Tür.

Tausend kleine Tode, die Schläfrigkeiten, die Tagträume, der Tiefschlaf, die Agonie. Tausend kleine Leben, Momente des Tatendranges, Augenblicke der Anstrengung, Sekunden scharfer Lust.

Tausend Tode, tausend Leben, dazwischen die Türen: bald verrammelt, mit der Brechstange nicht zu erbrechen, mit keinem Kraftaufwand aus den Angeln zu heben, bald angelehnt, beim leisesten Luftzug um den geschmierten Zapfen gleitend. Das ist sie, die Welt, welche man zur Verfügung hat. Türen. Dazwischen Illusionen von Leben und Tod.

Wer vor einer Türe steht, der ist versucht, von ihrem Aussehen, von ihrer Beschaffenheit, auf das Dahinter zu schließen. Er prüft die Oberfläche. Ist die Tür von gutem Holze, wird er ein gediegenes Dahinter vermuten. Ist die Türe mit Ornamenten versehen? Ist sie aus Stahl, behütet

19 C+M+B 93

sie Kostbares? Kann eine schäbige Tür ein strahlendes Dahinter verschweigen, lockt das Prachtportal aus Bronze in höllische Bereiche?

Der Mensch ist von einer Welt umgeben, die aus lauter Türen besteht. Also hat er sich angewöhnt, an den Türen Zeichen zu hinterlassen.

Ein Herz, vom Pfeile durchbohrt, zeichnet er an die Tür, hinter welcher er die Liebe vermutet, er schreibt ein obszönes Wort an die Tür zur erhofften Fleischeslust; an die Tür zu erhofften Paradiesen sind politische Parolen geschrieben, der Name, in die Türe geritzt, gekerbt, geschnitten, zeigt, für alle Ewigkeit womöglich, hier ist einer an der Tür gestanden, der so geheißen hat oder so, der jetzt keinen Namen mehr sein eigen nennt, weil die Namen auslöschen, wenn man die schwarze Tür durchschreitet.

Zahllose Türen hat Josef Tichy durchschritten, er hat Zeichen gesetzt und das, was er hinter der Tür gesehen hat, in die Kupferplatte geritzt, herausgeätzt, aufs Holz gemalt. Türen in seiner Heimat Kärnten, Türen zu den Gestaden Dalmatiens, die Hohe Pforte zu den Luftspiegelungen des Orients.

Nun hat sich Josef Tichy, der weiß, was Türen sind, den Türen selber zugewandt. Eine führt in die Kammer eines Bauernhofes, die andere verschließt einen Speicher, wieder eine andere könnte sich in einen verschlossenen Garten öffnen. Die Menschen haben Zeichen zurückgelassen. Dieselben Zeichen seit Menschengedenken: Ein Herz für die Liebe, der eigene Name für vermeintliche Beständigkeit, das C+M+B, damit sich die Tür zum Segen für den auftue, der die Klinke niederdrückt.

MORS IANUA VITAE, VITA IANUA MORTIS.

Die eine Seite der Tür heißt Leben, die andere heißt Tod. Darauf die Zeichen. Die mysteriösen, die vermeintlich banalen, die Zinken der Diebe und die Zeichen des Segens. Was, wenn nicht die Zeichen an der Tür, wäre Kunst?

# MATERIA PRIMA

Der Mist ist von brauner Farbe. Eine Fuhre Mist wollten die Buam 1986 vor das Künstlerhaus im Klagenfurter Goethepark führen. Das haben sie dem Künstler Cornelius Kolig in Briefen angedroht. Es ist nicht dazu gekommen. Bloß im Landtag wurde protestiert. Im Künstlerhaus war man gerade dabei, die Ausstellung von Cornelius Kolig zu eröffnen. Cornelius ist der Enkel des großen Anton Kolig, dessen kühn expressionistische Fresken im Landhaus die Buam 1938 haben abschlagen lassen. Der alte Kolig war in der Buam Augen ein entarteter Künstler, weil er malen konnte. Der junge Kolig kann auch malen, vermutlich noch besser als sein Großvater. Das allein wäre Grund genug für die Buam, ihm zu mißtrauen. Aber ihre Wut stachelte Cornelius Kolig, als er sich mit der okkulten Bedeutung der Farbe Braun abzugeben begann. Braun: Das ist die Farbe der Exkremente, die Farbe der Jauche, die Farbe der Heimatscholle, die Farbe der Braunhemden, und wer weiß wes Farbe noch. Braun gefärbt ist die Materie in ihrer trostlosesten, verkommensten Erscheinungsform. Dreck, Scheißdreck, Stercus.

Der Dreck aber ist die Materia Prima. Diese hat der Alchimist in seinen Kolben zu praktizieren und dann braucht er bloß noch ein paar Jahrzehnte fleißig experimentieren, bis die Scheiße glücklich zum Roten Löwen transmutiert ist und dem Adepten der Stein der Weisen holdselig entgegenstrahlt. Damals, 1986, befand sich Cornelius Kolig gerade am Anfang des Opus magnum. Er sammelte Materia Prima. Aus eigener Produktion und auch anderwärts. Um die Produktion der Materia Prima genau zu kontrollieren, hatte er famose Maschinen erfunden. Mit Kurbeln versehene und vom Produzenten zu drehende Rollen zogen Linnenbahnen unter ihm, der erhöht hockte und während der Produktion kurbelte, durch. Solchermaßen entstand ein minutiöses Protokoll der Produktion. Je nach Konsistenz fertigte Cornelius Kolig von den ans Licht gebrachten Materia Prima Klumpen Gipsabdrücke an, welche er dann, oh Vorahnung der erhofften Metamorphose, sorgfältig zu vergolden pflegte. Daneben stellte er allerhand Requisiten der Dunkelheit her, durch welche der Adept schreiten muß, damit er verwandelt werde. Minutiös konstruierte Vorrichtungen zur Herbeiführung von Lust, Schmerz, Verzweiflung und Selbstaufgabe, Grabmonumente für die geliebte, gehaßte Körperlichkeit, Mahnmale verbotener Verzückung. Die Materie muß auf den Dreck reduziert werden, sonst ist sie nicht fügsam für die Verwandlung, sagen die Alchimisten.

Cornelius Kolig nahm es wörtlich.

Er grübelte und experimentierte.

Die Überlegung wäre eines Paracelsus würdig gewesen, aber wer gibt sich hierzulande schon die Mühe, sich mit den Gesichten des Paracelsus abzugeben. Es ist damals, bei der Ausstellung im Künstlerhaus gekommen, wie es kommen mußte: Die Buam behielten ihren Dreck, in seiner unverwandelten Form. Hat er doch die Farb', in der sie am liebsten das ganze Kärntnerland anhiaseln

Bild rechts:
Wörtlich genommen… Cornelius Kolig

Cornelius Kolig: Rosen

würden. Sie wehrten sich dagegen, daß ihnen einer den Dreck wegnehmen wollte, daß er von Verwandlung phantasierte. Ihr Braun zu verwandeln, was für ein Verrat an den Gebräuchen der Buam. Den Landtag haben sie rebellisch gemacht, die Regierung sollte die Transmutation untersagen. Schließlich, als alles nicht geholfen hat, sind sie halt auf die Hetz mit dem Mistwagen gekommen. Soviel

Alchimistische Darstellung: Das Chaos

Mist kann Cornelius Kolig gar nicht in seinen Kolben bringen, ersticken sollte er im würzig duftenden Braun, wer Kärnten zurückverwandeln will in das goldene Land der Feen, der ist ein Verräter. Der Alchimist aber hätte freudigen Herzens das unverhoffte Geschenk entgegengenommen, den Tribut der Buam. Sie hatten ihm in ihrem Zorne alles geben wollen, was sie besaßen. Sie haben es nicht über ihr Herz gebracht. So ist ihnen der Mist geblieben.

Laboratorium eines Alchimisten

# PARACELSUS

Der Bub steht auf der Gassen und schaut zu. Kein schönes Kind, hat einen Riesenkopf wie eine ungeborene Leibesfrucht, die Gestalt ist schmächtig, zusammengedrückt die Schultern, das Becken breit. Dafür ist das Gewand anständig, gutes Tuch, kaum geflickt. Die anderen Buben können ihn nicht leiden. Die Gassen ist voller Dreck, der rinnt in die Patschen. Das Blut strömt aus der Sau, die in der Einfahrt vom Fleischhacker abgestochen worden ist, zieht ein purpurrotes Rinnsal durch den Gatsch.

Da ist ein Auflauf, die Leut' stehen vor dem Tor, aus dem stinkt es heraus. Drinnen hört man die Weiber flennen. Jetzt sieht der Bub die zwei Knechte mit ihrem Schragen. Drauf krümmt sich einer. Das Leintuch unter ihm ist angeschissen. Er verdreht die Augen, nimmt von den Gaffern nichts wahr. Die drängen zurück, machen eine Bahn. Neugierig sind sie wohl, aber dann graust sie's doch. Ein so ein Unglück. Der Bub tritt nicht zurück, er schaut sich den Mann aus der Nähe an, nichts wird ihm entgehen. Er sieht die Schweißtropfen auf der bleigrauen Stirn, vernimmt den flachen Atem, das Kollern im Bauch. Auch den Schwarzen Mann mit der Sense nimmt der Bub wahr, wie er gelassen hinter den Knechten einherschreitet, die das unablässig scheißende, verschwitzte Bündel zum Spital hinauftragen. Gestern ist es noch ein Pfeffersack gewesen, und wer ein Pfeffersack war, den tragen sie ins Spital. Dort werden die Ärzte herumstehen und werden sich auf lateinisch erklären, warum der da verreckt. Die anderen verrecken in der Stuben und Weib und Kinder plärren auf deutsch. Heraus kommt's aufs selbe. Sind alle aus der Erd' genommen, und wenn sie verrecken, dann gehen sie wieder ein in die Erd'. Das sagt der Pfaff von der Kanzel in der Jakobskirche.

Das hat der Theophrastus Bombastus von Hohenheim damals von selber gewußt, wie er, das Krepierl, in Villach auf der Gassen gestanden ist, und zugeschaut hat: „Die Erde ist schwarz, grob, tölpisch, knochig, lettig, kotig, unflätig, lehmig." Die Scheidung in feine Gestalt währt nicht lang: „Der Leib des Menschen ist gleich der Erde, die den Sommer hat; der ist fruchtbar, und danach kommt der Winter, der ist unfruchtbar." Und es lauft immer wieder aufs nämliche hinaus: „Und wiewohl der Mensch eine andere Form und Corpus hat, als der Limus ist, der Erd-Kot, denn Fleisch und Blut und Bein ist anderes als Lehm und Kot, so wird er doch das wieder, was er gewesen ist." Waren erst ein paar Jahre vergangen, seit er den pfeifenden letzten Luftschnapper gehört hat, den die Mutter gemacht hat, obgleich der Vater alle Kunst und Wissenschaft des Theophrast und des Avicenna und des Galen aufgewendet hat, um den Schwarzen Mann zu vertreiben. Die Tinkturen, die Formeln, die gescheiten Sprüch' haben ihm nichts angehabt. Er hat die Mutter gewürgt und kein Galen hat ihr helfen mögen. Gehen selber ein, die Medici, und keinen von ihnen hat das Nachbeten aus ihren Pandekten von der Schaufel des Totengrabers hupfen lassen.

Die Leut' sind wieder auseinandergegangen, haben was anderes zum Gaffen gefunden. Ein Pferd ist in der Letten ausgeglitten, schlägt mit den Hufen in die Luft, am Pranger haben sie eine Vettel angebunden. Da heißt es nicht bloß gaffen, da muß gespuckt werden, damit der Gerechtigkeit Genüge getan werde. Schon klatschen ihr die ersten Dreckpatzen ins Gesicht. Da ist er damals stehen geblieben, als Bub, mit offenem Maul. Die werden schon angekommen sein, mit ihrem Schragen. Über kurz oder lang wird der Kranke ausgerungen haben, seinen letzten Schnapper gemacht haben, vorher werden sie ihm noch mit dem Löffel ein Pulverl ins trockene Maul praktiziert haben, nach den Regeln der Kunst. Und dann halt das Pfeifen, wenn der Wind herausfährt, der Hauch.

Woher ist der Hauch gekommen? Wohin entflieht er aus dem verendeten Fleischbündel? Als Bub hat er hundertmal zugeschaut. Hat der Kranke das letztemal gepfiffen, dann ist seine Nase ganz spitzig geworden und das Kiefer ist heruntergesackt und noch einmal hat er Unflat und Säfte unter sich gelassen und dann ist er starr geworden, wie der Statuen eine auf den Epitaphen in der Jakobskirche. Was die Pfaffen dazu sagen, das haben sie dem Buben beigebracht. Wenn er auch ein häßlicher Wechselbalg ist, so gehört er doch zu den besseren Leuten. Der Vater ist Medicus und müht sich redlich ab. Bis er zu Ende ist, mit seinem Latein.

Theophrastus Bombastus von Hohenheim, genannt Paracelsus

Was die Pfaffen sagen, stimmt und es stimmt doch nicht so, wie sie's sagen, ist dem Buben damals gedämmert. Man muß draufkommen, wie das ist, mit dem Sterben. Es gibt den Dreck, der ist allgegenwärtig, den Stercus, der aus allem fährt, was da lebt, den Gestank, der durchbeizt die ganze enge Stadt. Es gibt das Flennen hinter allen Türen. Es gibt auch das Weihrauchrüchlein in der Kirchen und die große spitzige Monstranz mit den kieselsteingroßen Edelsteinen am Sonntag. Der Mensch kommt aus der Erd' und wenn er eingeht, kehrt er zur Erde zurück. In pulverem revereris, sagt der Pfaff, der am Aschermittwoch den Pfeffersäcken ein Aschenkreuzerl auf die Stirne zeichnet. Woher kommt das Gold? Das Gold ist auch in der Erde, sie brütet das Gold aus. Aber das Gold wird nicht rostig, das Gold wird keine Aschen. Sie lieben es alle, das Gold, allein es bleibt übrig, während das Fleisch verfault. Wären die Leut' aus Gold, sie bräuchten nicht zu sterben.

In der Nacht trauen sich die Leut' nicht auf die Gassen hinaus. Die Bürger liegen in ihren Federbetten, die Bauern auf dem Strohsack, die Armen beim Vieh im Stall.

Soweit der Schatten der Dachtraufe reicht, ist Sicherheit. Weiter draußen haben die Unholde das Sagen, bis zum ersten Hahnenschrei. Wenn der Nachtwächter schreit, dann fahren alle aus dem Schlummer und bekreuzigen sich.

Ein Doktorsbub hat keine Nachtruhe gekannt. Ein Doktorsbub geht auch mitten in der Nacht hinaus. Beim neuen Mond brennen die Sterne am Himmelsgewölbe wie die Edelsteine. Da hinauf steigt der Gestank nicht und das Ächzen des unseligen Fleisches. Der Dreck auf der Gassen, die Besudelungen, das Elend wird verzehrt vom stetigen Brennen der Sterne. Er hat als Bub immer zugeschaut, wie die Sterne brennen, später ist es ihm dann eingefallen: „Nun wisset, daß der Mensch auf zwei Teile gestellt ist, der eine Teil ist von den Elementen, der ist Fleisch und Blut geworden; der andere Teil sind Sinne und Gedanken, welche aus dem Gestirn gezogen sind. Ebenso teilen sich zwei Naturen im Menschen. Fleisch und Blut sind erhalten von den Elementen, Sinne und Gedanken von dem Gestirn."

Ja freilich spukt es in jeder Kammer, wo einer auf den Tod gelegen ist. Es spukt bei den Wegkreuzen und im Hohlweg. Wo gestorben wird, dort spukt es, und gestorben wird überall. Man braucht bloß von klein auf zuschauen: „Der Mensch hat zween Leib, einen elementarischen und einen siderischen und die zween Leib ergeben einen Menschen… Wenn der Mensch also stirbt, so wird der elementarische Teil begraben und wird von der Fäulnis und Würmern hinweggezehrt, bis alles hinweg kommt und nichts mehr übrig bleibt. Der elementare Leib bleibt im Grabe und ist unbeweglich, der siderische Leib aber ist beweglich, bewegt sich und bleibt nicht an einem Ort, sondern er sucht die Wohnungen, die der Mensch bei seinem Leben gehabt hat."

Die Ärzte und die Bader schauen nicht zu. Sie ekeln sich vor dem Dreck untertags, schauen den Kranken kaum an, und in der Nacht liegen sie in ihren Gänsedaunen, haben die Bettvorhänge heruntergelassen. Sie schauen nicht zu, wie die Leute verrecken, und sie schauen nicht zu, wie die Sterne brennen. Aber den lieben langen Tag blättern sie in den vermoderten Pergamenten und halten Consilium mit den längst vermoderten Galen und Avicenna, warum der Schneider das Scheißen gekriegt hat, oder die Darmverschlingung, oder den Auswurf. Die Ärzt' und die Bader gleichen hierin den Pfaffen, auch die schaun nicht zu. Der Vater ist anders. Der schert sich um die Kranken und weiß auch sonst noch so manches, was einer nicht wissen sollte. Vom Vater hat man die Gewohnheit geerbt, hinzuschauen, zuzuschauen, sich seinen Reim zu machen.

Was aus Büchern zu lernen ist, das hat man dazugelernt, in der Schule in Villach, bei den geistlichen Herren in Sankt Paul und in Sankt Andrä. Aber was da zwischen den brennenden Sternen und dem Kot wimmelt, an Sichtbarem und Unsichtbarem, das kann einer nicht zusammenlesen. Die alten Weiber in Kärnten reden viel daher, und dann kochen sie ein Trankl, das hilft dem oder jenem besser, als ein Tractat von der Fakultät in Salerno.

Nie hat Theophrastus die trotzige Zuneigung vergessen, mit der er an seinem anderen Vaterland hängt, die Geschichten, die er als Bub in Kärnten aufgeschnappt hat, die sind seine Welt und diese Welt ist so grenzenlos, daß er sie niemals zu verlassen braucht, soweit er auch wandert. Sie dehnt sich mit jedem Schritt, den er tut, nach Ferrara, nach Basel, nach Paris, quer durch Deutschland und Polen zu den Moskowitern, herunter nach Ungarn, hinüber nach Böhmen. Dieses Kärnten ist eine Welt und es hat ein jeder mit sich auszumachen, ob sie nun bis zum nächsten Wirtshaus reichen soll, oder über Erd' und Firmament. Und wer das Ducken und das Schlucken nicht hat lernen mögen, wen's hinter dem Ofen nicht leidet, der findet in dieser weltweiten Welt die Schätze zuhauf.

„Darum will ein Arzt ein Wissenschaftler sein, so muß er perambulisch handeln, peregrinisch und mit Landstreichung die Blätter in den Büchern umkehren, nicht der Mutter im Schoß gebratene Feigen an einem Bratspießlein essen – wie denn bisher die Skribenten nichts weiter erfahren haben, als so weit, daß sie den Ofen allemal bald wieder zu erreichen vermochten. Das ist, in der Stuben ist ihre Erfahrnis. Schämt ihr euch aber zu wandern, und zu suchen ein Ding dort, da es ist, so könnt ihr nicht an das Ziel kommen. Was schadet es, daß du lernest, was dich deine Augen lehren, was dich die Experienz lehrt?

Müssen nicht solche Ding' gelernt werden durch die Augen? Die Augen, die in der Erfahrenheit ihre Lust haben, dieselbigen sind meine Professores."

Muß die Fäulnis nicht sein? Überlegt Theophrastus,

wenn er, immer wieder, nach Kärnten kommt. Zuletzt nach Sankt Veit, bevor er in Salzburg am eignen Leib das erfährt, was er an Tausenden gesehen hat. Muß nicht alles, Mann und Weib, Reich und Arm, hinein in den Kolben, muß abgetötet werden in Grabesnacht, auf daß die Transmutation glücke? Wer sich vor dem Scheißdreck fürchtet, vor dem Stercus, vor der Letten, vor dem Gestank, der wird das zinnoberrote Pulver nie in seinen Händen halten. Wenn es ins kochende Blei flirrt, dann zischt es auf im Tiegel wie das Jüngste Gericht. Erkaltet fällt der Klumpen aus der Form und ist nichts als Gold und Ewigkeit. „Und das ist ein Großes, das sie bedenken sollen: Nichts ist im Himmel, noch auf Erden, das nicht im Menschen sei. Denn Gott, der im Himmel ist, der ist auch im Menschen. Denn wo ist der Himmel, als im Menschen?"

Wohl halten sich die Ärzte und die Gelehrten und die Pfaffen noch immer die Ohren zu, denn das Wort des großen Vagabunden hebt ihre Welt aus den Angeln: Es ist alles eins, der feine Leib und der Dreck und der Dreck und der Goldklumpen und der Tod und das ewige Leben.

FOVRNEAV·
COSMIQVE·

# WACHSPUPPEN

Die lebensgroße Wachspuppe der Frau Erzherzogin Maria Anna ist in einem gläsernen Kasten aufbewahrt. Der Kasten befindet sich in der alten Klosterapotheke der ehrwürdigen Schwestern Elisabethinen; dieselben stauben ihn regelmäßig ab. In der Vitrine gegenüber ist der wächserne Kopf ihres Herrn Vattern ausgestellt, weiland seiner Römischen Kaiserlichen Majestät und Königs von Hungarn und Böheimb, Franz Stephan. Er trägt die authentische Perucken. Die Tochter hat sie dem wächsernen Vater aufgesetzt. Unter seinen Glasaugen und im kalten Weihrauchduft, in Wohltätigkeit, Wissenschaft und kranken Leibes verbrachte die Frau Erzherzogin ihr Leben hin. Die hohe Frau in ihrem Kasten trägt den ererbten Schlafrock des Herrn Vattern. In den eingelegten Apothekerladeln tickt ein einsamer Holzwurm, die Pendule tickt an der Wand. Die hohe Frau schaut und räsonniert den lieben Tag lang.

„Die Mitzi hat die Schokoladi einergetragen in der silbernen Kandl und der Herr Vatter hat noch die Nachthauben auf dem Schädel gehabt und ist im Schlafrock beim Kamin gesessen. Die Frau Mutter hat sich schon herg'richt g'habt, weil die Mutter hat schon in aller Herrgottsfrüh mit dem Kaunitz regieren müssen. Der Herr Vatter hat inzwischen die Schucherln mit Lakritzi und mit Zelten angefüllt und mit dürren Zwetschken und mit Marzipan und Bockshörndln. Der Vatter hat sich auf den Nikolo-Tag g'freut. Die Mutter schon auch. Aber der Josef, der hat sich die Haxen ausg'freut, wie er den lebzelternen Husaren gefunden hat.

Der Josef ist so eigen geworden, ist eh g'scheiter, wenn ihm unsereins nicht in die Quere kommt. Keine Freud an nix. Wie ich ihm jüngst einen gestickten Beutel hab' zukommen lassen, fürn Rosenkranz, da soll er nur geschaut haben. Haben's mir zugetragen. Und der Kolowrat hat nur g'lacht. Da war der Herr Vatter, unser Herr getröst ihn, schon ganz anders. Hab mir sein Schlafrock ausgebetten, wie ihn der liebe Heiland geholt hat, damals in Innsbruck ist er umgefallen, grad daß die Schwestern noch haben ein

Bild umseitig:
Apotheke im Elisabethinenkloster

AQ JUNIPERI
AQ LAVANDULAE
AQ MELISSAE
AQ MAJORANAE

Gesetzel beten können, war er schon drüben. Und die Statur erst vom Herrn Vattern, wenn er im spanischen G'wand mit den gelehrten Herren umgegangen ist. Die Mutter hat's nicht gern gesehen, waren etliche Unkatholische darunter, aber es war ihr halt doch lieber, als wenn er andere Spompanadeln g'macht hätt. Er war ja so ein schöner Mensch, der Herr Vatter, dem kann man's nicht verdenken, daß sich die Frauenzimmer die Augen aus dem Kopf geschaut haben, und rot sind's geworden, wenn seine Kaiserliche Majestät vorbeigekommen ist. Ich hab' die Perucken von ihm. Der Wachszieher hat mir naturgetreu sein Porträt modelliert, damit ich sie draufsetzen kann, die Perucken. Jetzt schaut er mich an, den ganzen Tag lang. Aber die Schwestern da und die geistlichen Herren haben mir gar nicht soviel einsagen können, daß ich ihm nicht nachgeeifert hätte. Die gelehrten Herren hab' ich mögen wie er und hab' die Hand über sie gehalten, wenn auch die Franziskaner eing'schnappt waren. Was hätten sie einer alten Jungfer schon vorhalten sollen, die Stund' um Stund' die Rosenkranzperlen durch ihre gichtigen Finger abzählt…"

Franz Stephan von Lothringen, Römischer Kaiser, Vater Maria Annas. Wachsbüste im Elisabethinenkloster.

In der alten Klosterbibliothek der Schwestern Elisabethinen kommt man sich vor, als säße man im Herzgrüfterl Österreichs. Die Sekunden gehen im Takt eines Metronoms vorüber und die Frau Erzherzogin räsonniert aus ihrem Kasten heraus. Sie hat in Kärnten die Aufklärung eingeführt, sie hat angefangen nach der Stadt Sala graben zu lassen, sie hat Wohltätigkeit geübt, an denen Kranken und Siechen, unter ihrer Protektion haben sich die Brüder Freimaurer in Kärnten etabliert.

Sie schaut und räsonniert und schaut aus ihrem Kasten und wenn sie einen lang genug fixiert hat, dann könnte man meinen, sie trüge das Antlitz der heiligen Hemma, wie es in Gurk aus dem Boden wächst.

Bild links:
Erzherzogin Maria Anna von Österreich, Wachspuppe im Klagenfurter Elisabethinenkloster.

# HEMMABERG

Über der Landstraße waren im Sonnenglast Luftspiegelungen aufgestiegen. Das Licht hat den Augen weh getan. Hier ist rieselnde Kühle, unterm grünen Blattwerk der Haselnußstauden und unter den Wipfeln der Fichten. Linker Hand fällt der Hang hinunter ins Jauntal, wo die Luft kocht. Rechts geht es steil hinauf zum Plateau, wo sie gleich fünf Kirchen nebeneinander und übereinander hingebaut haben. Aus einer gegabelten Rinne fährt ein Wasserstrahl, plätschert in das steinerne Becken mit den vier Häuptern, das vor abertausend Jahren einer den Nymphen und den Quellengeistern gemeißelt hat.

Dahinter die Kapelle, ein Bretterverschlag von einem Zimmermann in die gähnende Grotte hineingebaut. Das Gewölbe der Grotte ist nach oben offen, wer den Kopf in den Nacken legt, gewahrt die ziehenden Wolken. Drinnen liegt, unter welken Blumenlasten, eine weiße Frau aus Stein, einen gipsernen Rosenkranz im Haar. Die heilige Rosalia. Sie ist eine alte Bekannte. Es ist schwer, sich ihr zu entziehen.

Am Hauptplatz der Stadt Neunkirchen ist eine Dreifaltigkeitssäule errichtet. Während oben, in der Gloriole, alles, was im Kosmos Rang und Namen hat, strahlt und herrscht und funkelt, ist der heiligen Rosalia ein Grab im Sockel gewidmet. Sie liegt da, mit ihrer steinernen Rosenkette um die Stirne, in einer Grotte aus kristallisch geschliffenen Steinen und erinnert an das scheintote Schneewittchen, nachdem es vom giftigen Apfel gekostet hat. Als Volksschüler hatte ich die Aufgabe, abends die Lichter in den Laternen rund um die Säule aufzudrehen. Der Schalter befand sich hinter einem niedrigen Gitter aus geschmiedeten Ranken, dicht unter den steinernen Füßen der heiligen Rosalia. Ich habe sie Tag für Tag vor Augen gehabt und keinen Gedanken an sie verschwendet. Sie schaute mir gleichmütig zu, wie ich den Schalter umdrehte.

Vielleicht war sie verärgert. Sie mag es nicht leiden, wenn man sie nicht beachtet.

Sankt Rosalia schläft.

Augenwaschung

Das zweite Rendezvous hat sie mir in Paris aufgedrängt.

Ein Samstag im Juli 1973. Licht und Hitze strahlen von den weißen Fassaden zurück auf die Boulevards, über denen die warmen Auspuffgase schillernde Spiegelungen verursachen. Ich habe nichts zu tun und flaniere, ohne es zu wissen, unter den ironischen Blicken der heiligen Rosalia durch die Stadt. Zunächst suche ich Erfrischung unter der kühlen Wölbung von Saint-Eustache. Wieder heraus in den Glast. Ich durchquere das Hallenviertel, welches man soeben im Begriffe ist, abzureißen. Vorbei am Châtelet, wo Sphingen Wasserstrahlen in marmorne Becken spucken, über die Seinebrücke und weiter zur Place Saint Michel, wo das Laubdach der Platanen Schutz gewährt. Im fünften Arrondissement nimmt die Vegetation zu. Zur linken Hand aber zieht mich die Kuppel des Pantheons an, unter welcher die Großen von ihren Wachträumen ausschlafen. Nach der Überschreitung des schattenlosen Platzes geht es rechts hinunter ins alte Tal der Bièvre, Rue Mouffetard, Place Monge und da sendet mir die noch ferne Oase des Jardin des Plantes eine Fatamorgana aus Blattgrün, Springbrunnen und gekiesten

Wegen entgegen. Eine Stunde verbringe ich in dem künstlichen Urwald. Der Nachmittag gleitet in den Abend, ich verlasse den Garten der Lüste. Dort drüben, in der Rue Daubenton, ragt ein weißes Minarett mit grünen Ornamenten auf, die Moschee von Paris. Ein Bau im neomarokkanischen Stil, vom Samum aus der Sahara, aus dem Atlas in die Stadt geblasen, mit dem stillen Innenhof, dem Café und der Boutique. In letzterer halte ich mich auf: Nach Kampfer riechende Teppichballen, aus Messing getriebene Tabletts und Leuchter, Apfeltee und Baumwolldjellabahs. Der Inhaber freut sich über den ersten Kunden der Tageshälfte, zeigt mir dies, legt mir jenes vor. Ich benötige nichts, und kaufe ihm doch etwas ab. Einen Ring aus versilbertem Messing, auf der Platte ist der arabische Schriftzug „Allah" zu entziffern. Merci, au revoir, à la prochaine. Man kann nicht einschlafen, ohne ein Buch zu lesen. In der Librairie Gibert strecke ich den Arm aus, ziehe ein Taschenbuch aus dem Regal, bezahle und gehe. In der Wohnung meiner Freunde, wo ich die Sommerwochen über logiere, blättere ich in meiner Erwerbung: „Les Filles de Feu" von Gérard de Nerval. Dieser war ein verrückter Romantiker. Die Stelle, die ich aufgeschlagen

DIES IST EIN ORT DER KRAFT!
Der Mensch, der an dieser Stelle verweilt,
lädt sich mit positiver rechtspolarisierender
Energie auf

habe, handelt von der Halluzination eines Spazierganges durch das Paris des Jahres 1840. Saint Eustache, der Jardin des Plantes, und ein orientalischer Ring mit der Aufschrift „Allah, Mohammed, Ali" kommen darin vor. Und ein paar Seiten davor erscheint sie: Sainte Rosalie, die vergessene heilige Rosalia.

In der atemlosen Novelle „Octavie" gewährt sie dem Autor ihre Theophanie mitten in einem Glasscherbenviertel von Neapel: Als Verkörperung der Isis, der Ceres, der Kybele, der Göttin überhaupt. Gérard de Nerval war ihr ein verrücktes Leben lang nachgestiegen. Er suchte sie in den gestutzten Hecken der Schloßparks der Île de France, in den Kellerheurigen von Wien, in der Cheopspyramide und in den Ruinen von Pompeji.

Gérard de Nerval

Bild umseitig:
Kapelle in der Grotte

Die Lektüre des Gérard de Nerval führte mich bald in die Kavernen vergessener Überlieferungen, immer wieder treffen wir uns, unvermutet im Zeitabstand von 150 Jahren. In einer Karawanserei in Istanbul und bald darauf in meinem Wiener Stadtheurigen, zwei Stiegen tief unter der Erde. Denselben hat Nerval frequentiert. Am Tor des Hauses in Klagenfurt, das ich bewohne, ist eine bronzene, zur Faust geballte Hand angebracht, Teil eines josephinischen Klingelzuges. Nerval hat vor 150 Jahren eine Geschichte dazu erfunden.

Besser, als wir uns selbst, kennt sich die heilige Rosalia in unseren Lebensbahnen aus.

Damals hat sich der Boden unter der Stadt Paris unter mir aufgetan.

Blickt man vom Grund der Grotte zur Höhe, so zeigt sich an der Decke eine kreisrunde Öffnung von einem Meter im Durchmesser. Daran knüpft sich folgende Sage: „Einst weidete ein Knabe auf dem Berg die Schafe des Gradischnig-Bauers. Dabei verstiegen sich einige Tiere. Der Hirte konnte sie nicht mehr auffinden. Als er dem Bauer die Unglücksbotschaft überbrachte, ergrimmte der Jähzornige und warf kurzerhand den Knaben den Schafen nach, in die Grotte hinab. Doch die heilige Rosalia fing den Knaben unten sanft in ihren Armen auf."

Da liegt sie, von der unkundigen Hand des unkundigen Switbert Lobisser aus Stein geformt. Sie fängt alles auf, das von oben in ihre Grotte stürzt. Und „alljährlich pilgern an bestimmten Sonntagen des Jahres viele Gläubige aus der nächsten und weiteren Umgebung zur Grotte, waschen dort ihre kranken Augen mit dem heilenden Wasser, das unter dem Altar entspringt, und begeben sich hierauf zur Kirche." Es hat der Ansammlung von fünf Kirchen bedurft, um aus dem Quellenheiligtum eine Unterwelt zu machen, aus der Nymphe eine lebende Tote aus Stein.

Ein privates Heiligtum ist diese Grotte geworden: Eine begrabene Jungfrau, die sanft erblühenden Rosen ums Haupt geschlungen, ein Brunnen, der Leben im Überfluß spendet, in eine Schale verströmt, an deren Herstellung ein frommer Kärntner vor Jahrtausenden ein Leben gewendet hat.

Sankt Rosalia wacht

# EIN SAGENKREIS UM KIKI KOGELNIK

# I. WASCHUNGEN

Des Nachts geht im unterirdischen Kärnten kein Besonnener über Land. Denn da sitzt die Teadin an den Wegkreuzungen, an den Ufern der Bäche und Flüsse und wäscht. Sie wäscht ohne Unterlaß, als wäre sie eine Waschmaschine. Schon wirst du mitgewaschen.

Barocke Lavabotafel in Kiki Kogelniks Bleiburger Atelier

„Wenn Weiber im Mondschein waschen, gesellt sich ihnen ein Weib zu, das auch waschen will. Wenn die Wäscherinnen bemerken, daß die neue Genossin kein menschliches Wesen ist, weil es immer größer und größer wird, ergreifen sie wohl schreiend die Flucht.

Wenn ein Wäschestück über Nacht im Freien bleibt, wäscht es die Tödin nochmals aus. Ein Bursche, dessen Hemd über Nacht draußen geblieben und von der Tödin gewaschen worden war, ging, ohne dies zu wissen, zur Tanzmusik. Auf dem Heimweg spürte er bereits einen heftigen Schüttelfrost, und in kurzer Zeit war er eine Leiche. Denn was die Tödin gewaschen, bringt seinem Träger den Tod."

Im Oktober 1988 stellte Kiki Kogelnik in der Burgkapelle in Klagenfurt, die heute als Foyer der Landesgalerie dient, eine Waschmaschine auf. „Seelenwäsche" hieß die Installation.

EUDORA
SPARMEISTER 700

Waschtag in der Burgkapelle. Waschtag für Klagenfurt. Die ganze Welt als galaktische Waschmaschine. Der Fötus planscht im mütterlichen Swimming-pool. Erste Wahrnehmung nach unsanfter Geburt: gewaschen werden. Die Windeln, erste textile Hülle, verschmutzt, um gewaschen zu werden, gewaschen, um verschmutzt zu werden. Erste Seelenwäsche im Taufbecken. Ungern waschen sich unschuldige Kinder. Wer Gut und Böse kennt, wäscht sich regelmäßig. Des Durchschnittsösterreichers Seifenverbrauch liegt unter dem europäischen Durchschnitt. Waschen vor dem Aperitif und nach dem Dessert. Keine Körperfunktion, öffentlich oder intim, die nicht auf Waschen hinausliefe. Lady Macbeth versucht sich die blutigen Hände zu waschen. Der Herr wäscht den Aposteln die Füße. Pilatus wäscht sich die Hände in Unschuld. Hindus waschen sich im göttlichen Ganges, Moslems bevor sie die Moschee betreten. Der Priester wäscht seine Herde mit Weihwasser: ASPERGES ME DOMINE HYSOPO ET MUNDABOR. LAVABIS ME ET SUPER NIVEM DEALBABOR. Vor und nach dem Opfer wäscht er seine Hände: LAVABO INTER INNOCENTES MANUS MEAS. Wäsche wirbelt ohne Unterlaß im nassen Kaleidoskop der Waschmaschine, wird an Wäscheleinen, an Wäschespinnen geklemmt, getrocknet, wird angezogen, von Schweiß durchtränkt, befleckt, verschmutzt und aufs neue vom Kreislauf der rotierenden Waschtrommel verschluckt. Des Menschen Leben währet an die siebzig Jahr. Das sind 76650 Waschungen am eigenen Leib. Der entseelte Leichnam wird gewaschen, so gebieten es Pietät und Gewohnheit. Mit Weihwasser überflutet, des Menschen hölzerner Pyjama: LIBERA ME DOMINE DE MORTE AETERNA, abgewaschen, abgebeizt das Sterbliche, die Grube ausgewaschen mit Weihwasser. Ein 76653mal gewaschener Leib zerfällt in organische Substanzen.

Waschmittel für den Leib: Seife, Badezusätze, Shampoos, Rasiercreme, Reinigungsmilch. Waschmittel für die Bekleidung: Omo, Persil, Henko, Fewa. Porentief wirksame Waschmittel sind der Hausfrau Sehnsucht. Auch Waschmaschinen verkalken. Entkalker sind im Handel erhältlich. Die Waschmaschine soll ein Perpetuum mobile sein. Eine Aura von Ausweglosigkeit und ewiger Wiederkehr, von Resignation und Karma, umgibt die unentrinnbaren Waschzwänge. Waschmittel für die Seelenwäsche: Yoga und Rosenkranz, Himalaya-Trekking und Ohrenbeichte, Psychoanalyse und Wüstenaskese. Gründlicher verschmutzt als der Leib ist die Seele. Siebzigmal am Tag sündigt der Gerechte. So mancher Makel wird erst im Fegefeuer abgewaschen. Blut wäscht die Seelen der Märtyrer: ET DATAE SUNT ILLIS SINGULAE STOLAE ALBAE. Die Burgkapelle, gründlich durchbetete Waschstraße zur Landeswäsche. Ort, an dem Waschungen vorgenommen werden am gesamten Herzogtum Kärnten. Die Burggrafen, deren Wappen von den Wänden prunken, werden stellvertretend der Waschung unterzogen: Khevenhüller, Orsini-Rosenberg, Thurn Valsassina ... Fromillers St. Domitian segnet vom Altarfresko her das Zeitliche. Frisch gewaschen entschwebt er über der Touristenschwemme des Millstätter Sees in reinere Sphären.

Die Burgkapelle ist Kiki Kogelniks Waschküche. Keine Akteure stören das erhabene Waschprogramm. Schwarze und weiße Bälge hängen an den Wäschleinen, ehe es zurück heißt in die allverschlingende Waschtrommel.

Wer sich an gewöhnlichen Dingen im Sakralraum stößt, bedarf der Seelenwäsche. Nicht die Apparate und Produkte des Alltags sind banal. Banal ist der ungewaschene Betrachter, ein H a n g i n g mit schwarz verkrusteter Seele. Der porentief gewaschenen Seele offenbaren Waschmaschine und Waschmittel, Weichmacher und Entkalker ihre okkulte Bedeutung. Einerlei ob sie als Versatzstücke für Tragödien oder Kasperltheater Verwendung finden, unbefleckt bleibt die Symbolkraft der alltäglichen Dinge. Auf dem Kaminsims in Kiki Kogelniks Bleiburger Atelier lehnt ein barocker Rahmen. Darin gefaßt ein stockfleckiges LAVABO-Taferl aus einer Jauntaler Kapelle: LAVABO INTER INNOCENTES MANUS MEAS.

MELTINGPOT

# *II. SCHMELZTÖPFE*

In Kärntens Bergen ist das Erz versteckt. Seit Jahrtausenden sieden die Metalle im Topf, qualmt es aus den Hüttenwerken, klingen die Hämmer aufs Eisen. Im Kulturzentrum bei den Minoriten in Graz errichtete Kiki Kogelnik den Feuergeistern einen heiteren Tempel.

## *MELTING POT*
## *VON DER ERZ-SUPPE ZUM ALLERHEILIGEN-STRIEZEL*

Der Tempel des Herrn in Jerusalem ist vollendet. Nun befiehlt der König Salomo Adoniram, seinem Baumeister, die Bildwerke zu gießen und das eherne Meer. Die gewaltigen Schmelz-Tiegel sind eingegraben ins Plateau des Berges Zion. 12 Nächte lang kochen Blei und Kupfer ineinander. Dann zerschlagen die Bauleute mit Hämmern die Dämmungen. Die Zahl der Gießer aber ist 30.000. Durch die 100 in Sand gegrabenen Kanäle schießt die kochende Speise. Aus den schwarzen Schmelz-Tiegeln strömt das Eherne Meer in die Form, erstarrt, kühlt ab. Tausende Hände polieren den Meeresboden. Eimer um Eimer schütten sie Wasser ins Becken. Das Meer, kreisrund, auf dem Rücken der 12 bronzenen Stiere ruhend, spült an Orient und Okzident.

Eine Brise kräuselt die Wasser-Oberfläche.

Die Schmelztiegel bleiben zurück, schwarz wie der leere Raum.

Des Schmelz-Tiegels Nutzen erweist sich, ehe von Formen die Rede sein kann. Er ist leer – Erinnerung füllt ihn aus. Er ist die Matrix, aus welcher die sichtbaren Dinge kriechen, die subtilen Dämpfe entweichen: Die Eherne Schlange und das Goldene Kalb, die Cherubim auf der Bundeslade, die Kanonenrohre und Denkmäler. Kiki Kogelniks Schutzengel und Toten-Masken. Sieben Schmelztiegel stehen im Treppenhaus des Minoritenklosters zu Graz. Jedem der 7 Planeten hat Kiki Kogelnik sein

Kiki Kogelnik: Zeichnung zu Melting Pot

Koch-Geschirr hingestellt. Das Treppenhaus des Minoritenkonvents ist eine Weltraum-Küche.

Sieben Planeten hüllen sich in den Habit der Minderen Brüder. Sieben Planeten schmeißen Elemente, Minerale, Gewürze in die Speise. Jeder Planet streut eine Handvoll Farbe dazu. Seine Code-Farbe. In sieben Spektral-Farben bricht sich das Urlicht. Aus sieben Schmelz-Tiegeln zusammengeschüttelt mischt sich das Urlicht aufs neue.

Sieben Planeten sind am Werke. Auf Kiki Kogelniks Geheiß kochen sie am 12. September 1990 für die Minder-Brüder. Nicht irdische Speisen kochen sie zusammen in ihren Schmelz-Tiegeln. Feuer, kochendes Erz, eine aus dem leeren Raum fließende flüssige Welt wird heute ins Refektorium getragen, aufgetischt.

Der Pater Guardian wird aus dem Buche der Könige vorlesen lassen. Aus dem Nichts, auf den Teller des Minder-Bruders geschöpft: Himmel und Erde.

Schmelztöpfe in Kiki Kogelniks Garten

Im Erzenen Becher lastend. Die Wasser der Urflut.

Darüber flatternd, ein Aroma: Der Heilige Geist.

Die Minder-Brüder bedenken es wohl und löffeln ihre Lavasuppe.

Hangings, androide Formen, schweben aus den Schmelz-Tiegeln in den explodierenden Raum. Im Treppenhaus des Minoritenklosters schließt es sich zum Kubus. Die Zeit hält inne.

Ein Würfel ist das Neue Jerusalem. Ein transparenter, geschliffener Licht-Würfel. Er löst Adonirams mit Goldblechen beschlagenes Gemäuer in Licht auf.

Durch den Kubus flattern die Menschen, sie fassen einander, stoßen einander ab, flechten sich ineinander. Sie verflechten sich zu Strängen: Rassen-Stränge, Konfessions-Stränge, Flüchtlings-Stränge, Vagabunden-Stränge.

Lebendiges ist Flechtwerk: Die Laubhütte, die Völker Zentraleuropas, Handel und Wirtschaft, Politik und Kultur. Geflochten ist der Strick des Minder-Bruders, geflochten die Dornenkrone, geflochten der steirische Mädchenzopf, die Sandale, der Allerheiligenstriezel.

Räume, Zeiten, Länder flechten sich zu prächtigen Menschenzöpfen.

In schweren, geflochtenen Haar-Tressen umrahmen sie das Antlitz der geflügelten Sophia.

Die Minder-Brüder haben ihre Suppe geschlürft, die Lesungen bedacht, ihre Löffel geputzt.

Nun wollen sie von Monna Chiara hören: Ganz Assisi berückt sie mit ihren schweren Mädchen-Zöpfen. Da läßt sie das Schermesser hinzu, legt sie auf ein silbernes Tablett und opfert sie Sanctissimae Trinitate.

Statt Zöpfen aus Haaren wachsen ihr solche aus reinem Urlicht. Wenn sie mit dem Bruder Franziskus der heiligen Konversation obliegt, schlagen Flammengraben, Flammentressen, Flammenzöpfe aus dem Dache von San Damiano.

Zum Nachtische aber haben Kiki Kogelnik und die sieben planetarischen Köche im Habit ein Einsehen: Sie

überreichen jedem Minder-Bruder einen geflochtenen Striezel aus dem Backofen des Meisters Stöckl in Bleiburg. Damit der Minder-Bruder bei jedem Bisse der Seelen-Stränge, der heiligen Zöpfe und der schwarzen Schmelz-Tiegel gedenke.

Ehe er sich den Rosenkranz um die Finger und die Finger ineinander flicht.

## *III. STATUE OF LIBERTY*

Kiki Kogelnik trägt eine schwarze gestrickte Haube, mit gestrickten Antennen daran. Das ist lustig. Das ist traurig. Das ist schön. Schön künstlich wie die Kunst. Die Freiheitsstatue im Hafen von New York trägt solche Antennen als Diadem. Kiki Kogelnik hat sich diese Haube mit den schwarzen Antennen selbst gestrickt. Die Antennen

Kiki Kogelniks Balkon

sind ein Denkmal für ihr dahingeschwundenes, der großen Freiheit zum Opfer dargebrachtes Haar. Ein ironisches Denkmal. Ein kunstreiches Denkmal. Wen die Freiheit adoptiert hat, der nimmt ihre Tracht an und ihre Gewohnheiten. Wen die Freiheit adoptiert hat, dem leiht sie ihr zackiges Diadem.

Die Freiheit ist das erste, was der Emigrant von der Neuen Welt erblickt: Die riesenhafte Frau aus Bronze mit ihrem fünfzackigen Strahlenkranz hält ihre Fackel in die salzgebeizte Luft, wo die Möwen lachen. Kiki Kogelnik weiß, was es kostet, von der Freiheit adoptiert zu werden.

Wieviel Gestern ist aufzugeben, um auch nur eines Blickes aus ihren bronzenen Augen gewürdigt zu werden. Abertausende, Millionen, sitzen auf Gebirgen von zerberstenden Koffern, auf Höhenrücken aus Kleiderbündeln und schauen auf zu ihr. Freiheit ist ein Begriff, solange einer nicht von den Lumpen seiner Existenz zu ihr aufgeschaut hat.

Kiki Kogelnik hat aus dem Abgrund hinaufgeschaut in den Strahlenkranz.

Der Hauptplatz von Bleiburg liegt im Sommerglast. Nur der dünne, eiskalte Wasserstrahl aus dem Maul der bronzenen Stiermaske pritschelt ins blendendweiße Marmorbecken. Die blasse Farbe am Kogelnik-Haus, gleich neben dem Marktbrunnen, der auch die Markt-Freiheit ist, blättert ab. Das Tor ist saftig grün angestrichen. Man drückt die alte Türschnalle, betritt die weißgekalkte Einfahrt. Eine Einfahrt wie tausende in Kärnten, gewölbt, kühl und in der Flucht das wuchernde Grün des Gartens. In einer Nische, ein Fresko; das Knirschen bereits des Kieses, der im Innenhof aufgeschüttet ist: Gestalten mit spitz zulaufenden Hauben, an welchen Antennen angebracht sind. Ein Bild aus einer Zeit, die nicht ist, älter als die Wand, an die es gemalt wurde, jünger als die Gegenwart. Astronauten halten Wacht vor Kiki Kogelniks Bleiburger Haus.

Von oben sagt eine resolute Stimme an, wie es weiter geht. Eine alte Dame wird über der Brüstung sichtbar, welche Hof und Garten in der Höhe des ersten Stokkes im Süden und Westen säumt. Die Mutter Kiki Kogelniks führt in das sommerliche Reich ihrer Tochter.

Bild umseitig:
Hausflur

Zur einen Hälfte gehört Kiki Kogelnik der Alten Welt an, zur anderen der Neuen. Wie Persephone verbringt

sie ein halbes Jahr hüben bei der Mutter, ein halbes Jahr drüben, jenseits des Okeanos, bei der bronzenen Göttin. New York, der große Apfel, von dem sie in ihrer Jugend gekostet hat, der Apfel der Hesperiden, der westlich der untergegangenen Insel Atlantis wächst, ist das Jenseits der Bleiburger Idylle. Bleiburg, die im Sommerglast schlummernde Stadt, ist das Jenseits von New York.

Die Phantasmen der einen Welt erscheinen in der anderen als Gespenster. Aus den Türkenfeldern des Jauntales flattern die langbeinigen, emanzipierten Feen mit ihren lasziven Maskengesichtern auf, die Inkarnationen des amerikanischen Traumes. Sie alle pochen auf ihr Recht, greifbare Gestalten anzunehmen. Kiki Kogelnik greift sich dieses oder jenes Phantasma heraus, schneidet eine Schablone nach ihren Zügen, nach ihrem Leib, hängt dem brodelnden Nichts eine Larve um. Gemeinsam mit allerhand unterweltlichem Getier: Salamander, Kröten, Ameisen, bevölkern die amerikanischen Feen das Atelier der Kiki Kogelnik, erstarrt zu Schablonen aus Karton oder in Terrakotta gebacken.

Bild umseitig:
Kiki Kogelnik, „Doorman"

In Kiki Kogelniks New Yorker Atelier hoch über dem Central Park wiederum melden sich die Geister aus Kärnten an. Die unruhigen Toten, die es im kühlen Grab nicht leidet, die so wie sie sind, mit ihren kahlen Schädeln und schepperndem Gebein, geliebt werden wollen und sich beklagen: „Nobody loves me.“ Sie bringen ihre abgelegte Körperhülle vorbei, vielleicht, daß sich einer ihrer annimmt, und Kiki Kogelnik stellt sie in den Schaufenstern des Broadway aus.

Einer, der mutig ist und furchtlos, der kann so manches erleben, erzählt die Kärntner Sage: „Solche Leute sind dazu bestimmt, armen ruhelosen Seelen den ersehnten Frieden zu bringen.“ Da ist die Rede von jenem ganz furchtlosen Brentler, der beim nächtlichen Umgehen immer wieder durch den Pisweger Friedhof gekommen ist: „Er hätte wohl auch außen längs der Mauer gehen können, doch war es ihm gerade um diesen Weg zu tun.“ Aber, sooft der Mutige den Friedhof durchquerte, sah er ein gewisses Grab offenstehen, die Truchn war ebenfalls leer. Das wunderte den Mutigen und er sagte zu sich : „Daß der Kerl in seiner Truchn keine Ruhe geben kann!“ Die darauffolgende Nacht ist er zum Karner gegangen und hat ein paar Grabscheiter zusammengesucht, die hat er dann kreuzweise über das offene Grab gelegt und sich dann geschwind unter die Dachtraufe des Mesnerhauses zurückgezogen, wo einem die Gespenster nichts anhaben können. Bald huscht ein blasses Gespenst heran, und will sich wieder zur Ruhe betten. Aber da sind die Grabscheiter. Der Tote kann nicht hinein in seine Grube. Er zetert und bettelt und verspricht, allein der Mutige kommt nicht unter der Dachtraufe hervor. In der Früh gibt der Tote klein bei und versteckt sich in einer Hollerstaude an der Friedhofsmauer. Das hat sich bald im Dorf herumgesprochen, alle sind sie zusammengelaufen und haben über die Mauer gespäht, aber keiner hat sich hinübergetraut. „Was aber noch wunderlicher war: alle Legehennen des Dorfes kamen gackernd herbeigelaufen, überflogen die Kirchenmauer und legten ihre Eier in die Hollerstaude, in der der Tote saß.“ Der Mutige aber hat sich nicht viel geschert und ist seines Weges gegangen.

Aber nach drei Tagen ist er wiedergekommen, mit einem Mordshunger und ist ins Wirtshaus gegangen. Dort hat er eine Eierspeis’ verlangt. Die Wirtin aber fangt gleich zu jammern an: „Wie kann ich eine Fastenspeise kochen, wenn keine Eier da sind? Im ganzen Dorf ist kein Ei mehr zu kriegen, alle liegen hinter der Friedhofsmauer in der Hollerstauden!"

Der Mutige sagt: „Die Eier kann man ja holen gehen." Die Wirtin beschwört ihn, den entsetzlichen Ort nur ja nicht zu betreten und lieber auf seine Eierspeis' zu verzichten, doch der Verwegene kennt kein Zurück: „Die Eier hole ich auf jeden Fall, wenn du mir dann die Fastenspeise kochst." Darauf geht er in den Friedhof und sammelt einen ganzen Graskorb voll Eier unter der Staude. Dann ruft er den Toten, der immer noch dort hockt: „Wirst wohl auch hungrig sein vom langen Sitzen. Geh mit, die Wirtin kocht uns eine Eierspeis'. Da, greif an!" Es hilft nichts, der Tote muß ihm den schweren Korb tragen helfen.

Im Wirtshaus sind die Gäste auseinandergestoben. Nur die Wirtin, die hat bleiben müssen und sie hat die Eierspeis' gekocht, selber halbtot vor Angst. Der Mutige haut ordentlich ein, der Tote an seiner Seite rührt keinen Bissen an. Geld will die Wirtin keins, wie's zum Aufbruch kommt. Die Eier, die hätte ja der Tote hergegeben. Also sagt der Mutige, der ein frommer Mensch ist, und weiß was sich gehört : „Vergelt's Gott!" Da napfatzt der Tote. Wie das der Bursch merkt, sagt er noch einmal „Vergelt's Gott!" Wieder napfatzt der Tote. Und so geht es eine ganze Weil' weiter, bis der Tote nicht mehr napfatzt. Das hat er gebraucht zu seiner Ruh', daß ihm einer „Vergelt's Gott!" sagt, daß sich einer nicht fürchtet. Jetzt braucht er nicht mehr zu klagen: „Nobody loves me… "

Tibetischer Meditationsteppich in Kiki Kogelniks Bleiburger Atelier

Wie der Mutige aus Pisweg ist Kiki Kogelnik zur Mittlerin geworden: Vermittlerin zwischen Alter und Neuer Welt, aber auch zwischen der Welt der Lebenden und jener der Toten. Im Jahre 1990 ist sie in letztere hinuntergestiegen und hat dabei um ein Haar Leib und Leben eingebüßt. Die Strahlung der Tiefe, die Strahlentherapie gegen die Krebszellen in ihrem Körper hat ihr das schwarze Haar abgesengt, kahlköpfig wie eine Neugeborene schleppte sie den Schatz, den Korb mit den Eiern, aus dem Abgrund in die Welt der Lebenden. Der Tote hinter der Friedhofsmauer hat auch ihr tragen geholfen. Er ist aus dem tibetischen Meditationsteppich herausgestiegen, den Kiki Kogelnik in den Monaten der Todesgefahr in ihrem Bleiburger Atelier aufhängte: Ein weißer Knochenmann auf schwarzem Grund. Kiki Kogelnik bezwang sich, das Bild der höhnischen Auflösung anzustarren, bis ihr der Tote den Vorwurf nicht mehr machen konnte: „Nobody loves me!“, bis sie sich mit der Auflösung angefreundet hatte.

„Die ausgespannte Menschenhaut, bedeckend alle Räume.

Ist zum Opfer angefüllt mit Fleisch und Blut und Knochen.

Schwächling wär’ ich, dächt’ ich, dies sei ‚Mein’ und ‚Ich’.

Undankbar ihr, wenn ihr des Opfers Euch nicht freut.

Habt ihr’s eilig, so schlingt es roh hinein,

In Ruhe aber kocht und eßt es Stück um Stück,

Und laßt das kleinste Bröcklein nicht zurück!“

So singt der tibetische Schamane, wenn er sich anschickt, sich mit der Auflösung vertraut zu machen. Dem rücksichtslos gegen die eigene Todesangst gewendeten schamanistischen Ritus verdankt sie ihr leibliches Leben und das Wissen, daß es Grenzen zwischen hüben und drüben nicht gibt.

Die ruhmreichste Trophäe hat sie vor dem Elternhaus in Bleiburg aufgerichtet, den Brunnen für die Marktfreiheit: Das gewaltige geflügelte Stierhaupt aus Bronze, das Haupt des mörderischen, gezähmten Minotaurus. Willig dient er der Stadt Bleiburg, indem er ihr im heißen Sommerglast eisiges Quellwasser spendet. Das Bild des Hüters der Schwelle, jenes Wesens aus Feuer und Wasser, welchem ein jeder Sterblicher begegnet, hat Kiki Kogelnik vor den blauen Kubus des European Design Depots in Klagenfurt gesetzt. Zuletzt ist sie zu den Glutöfen von Murano gefahren, um aus flüssigem Glas Antlitze zu formen, die ihr in ihrer überlebten Agonie aufgeleuchtet waren.

In Kärnten, dem Lande, wo auf zahllosen Denkmälern viel von Freiheit, aber auch von Grenzen die Rede ist, hat Kiki Kogelnik Denkmale der grenzenlosen Freiheit gesetzt. Die große Kärntner Mutter hatte sie angestachelt, gedrängt, der Statue of Liberty vor der Silhouette New Yorks in die geheimnisvollen Augen zu schauen. Es

hat sich ergeben, daß sie in ihnen die wilde, fromme Welt Kärntens erblickte.

Da sitzt Kiki Kogelnik in ihrem Fauteuil, die Sommerpracht flutet durch die weißen Gardinen ins Atelier. An der Längswand ist ein Karton aufgezogen. Spitzbogen deuten Architektur an. „Der Karner von Stein im Jauntal. Ich werde die alten Mauern mit einem Totentanz aus Keramik auskleiden.“ Die Zeichnungen liegen auf dem

Kiki Kogelniks Atelier

Boden: In der Mitte der Knochenmann, der Alleszermalmer mit seinem nachdenklichen Kinderlächeln, rings huldigt ihm das, was sterblich ist, Menschenskelette, Tierskelette, die leblosen Chitinpanzer von Käfern, Asseln, Insekten. So geht es rund und rund. Und die Freiheit? Zwischen den Tanzenden wird man an den Wänden des Beinhauses Leitern aus weißglasierter Keramik anbringen.

# MARIA SAALER GLÄUT'

Schön ist es, in einer Kärntner Wiese zu liegen. Am Ohrläppchen kitzelt eine Grasrispe, vor den halbgeschlossenen Augen läutet eine violette Glockenblume, fröhlich donnert das Maria Saaler Gläut' aus der Glockenstube drüben. Die Kinder von Maria Saal verbringen eine gesunde Kindheit in Kärnten. Der Bub vom Tischler Turrini ist einer von ihnen. Aber er ist halt doch anders. Über den Grashalm füsseln zwei Feuerwanzen in schwarzer Uniform mit scharlachfarbenen Litzen. Eine Wanze vorwärts, die zweite rückwärts. Ihre Paarungsorgane sind ineinander verkeilt. Vor lauter Liab rasen sie durch den heimatlichen Urwald, sterben lustgeschüttelt einen kleinen Tod um den anderen, achten des Todes nicht, der sanft und lüstern im Himmel seine Kreise zieht. Da läßt sich die Schwalbe im Sturzflug fallen: Zwei Feuerwanzen, im Liebeskampf dahingerafft. Das sanfte Gesetz, die gütige Vorsehung, die Erlösung, das Weltgericht im Zeitraffer. Die Kinder von Maria Saal sehen dergleichen jeden Tag und denken sich nichts dabei. Oder sie denken sich, daß alles eben seine Ordnung hat. Verhalten sich ja selber nach dem Beispiel der großen Ordnung. Da haben die kerngesunden Bauernbuben mit ihren Engelsbacken eine Kröte gefangen. Die Augen des Tieres starren flehentlich, aber man ist guten Mutes. Ein Bub steckt der Kröte einen Strohhalm in den After. Und schon blasen sie alle um die Wette, bis das Tier kugelrund angeschwollen ist und im Koma mit den Beinchen zappelt. Der Peter Turrini weint.

Der Peter Turrini ist ein fades Kind, er versteht keine Hetz. Er weint, wenn sich die anderen vor Lachen nicht halten können. Sein Vater ist ein Katzelmacher. Ein guter Tischler, aber ein Katzelmacher. Die kerngesunden Buam werden heranwachsen und für eine Hetz werden sie immer zu haben sein. Es wird aber immer alles seine Ordnung haben. Vor den Werten der Mannsbilder im braunen Rock werden sie strammstehen und an den Kriegerdenkmälern werden sie vorbeidefilieren. Und den Peter Turrini werden sie noch immer nicht mögen, weil er die

Hetz mit der Kröte nicht vergessen will, man muß schließlich einmal vergessen. Das haben die Männer im braunen Rock auch immer so gesagt. Einmal muß Schluß sein.

Peter Turrini war ein Bub in Maria Saal und dort hat er gelernt, was es mit der Ordnung auf sich hat und mit der Hetz. Man gehört zu den Ordentlichen, die halt auch eine Hetz verstehen, oder man gehört nicht zu ihnen. Dann gehört man zu denen, die nicht anders können, als sich die Natur, die Geschichte und die Gesellschaft bis ins Detail anzuschauen, bis ins garstige Detail. Dann gehört man zu den Ketzern. Ketzer sind Spaßverderber.

Der Ketzer mißtraut der kerngesunden Welt und dem sanften Gesetz, das dieselbe regiert. Liebeslust und Liebesleid haben ihren Spielplatz auf Gstätten voller Unrat und Verwesung. Der Wanzen, der Kröten, der Ratten Lust und Todesbangigkeit ist die seine. Ihre Erlösung wäre unser aller Erlösung. Der Ketzer befindet: Das hoffärtige Haus der Zucht und der Ordnung ist auf den Fundamenten Mord und Totschlag errichtet. Der Schönheit selbst kommt der Magen hoch, wenn sie sich ihrer Daseinsbedingungen entsinnt, und geschwind sehnt sie sich zurück nach der Milde des Ungeschaffenen.

„Dieser Untergang, der sich kaum von der Stelle bewegt und doch weitergeht, ist ohne Gnade. Ich bin hier aus Barmherzigkeit. Ich will mich beteiligen, eifrig und atemlos will ich mitmachen bei allen Verschmutzungen und Vergiftungen, bei allen Zerstörungen und Tötungen, damit es schneller geht, schneller der Erlösung entgegen“, sagt der Cellospieler in Peter Turrinis Schauspiel „Die Schlacht um Wien“.

Schön ist es im heimeligen Oval des Wiener Burgtheaters. Schöne Menschen lehnen sich über die rotsamtenen Balkons, im traditionsreichen Goldlicht schimmert die entblößte Epidermis schöner Damen. Es ist der 13. Mai 1995, Peter Turrini hat ein Stück geschrieben, darin hat er aufgezeichnet, was ein vor Mitleid verzweifelter Ketzer aus Maria Saal über die Weltordnung erfahren hat. Im Parkett sitzt, schwarz und mit weißem Kragen, der Erzbischof Koadjutor von Wien, der Dominikaner. Er schaut sich das Welttheater an, das sein Freund Peter Turrini für ihn, ganz besonders für ihn, da aufführt. Ein Theater, das er, der Redaktor des Weltkatechismus, aus der schwar-

Bild umseitig:
Eine kerngesunde Jugend…

zen Geschichte seines Ordens so gut kennen muß, wie den eigenen Schatten.

Die Bühne des Burgtheaters aber ist wüst und leer. Aus dem Dunkel tritt ein silberbärtiger Mann im halblangen Nachthemd, das Reißen hat er schon, vor lauter Ewigkeit zu Ewigkeit. Einmal, ein einziges Mal, möchte er sich etwas gönnen. Nichts leichter als das, wenn man der liebe Gott ist: Ein Fingerschnippen und es ward Licht, Bäume schießen aus dem Boden, die Vögel flattern durch den lichten Äther, es braust das Weltmeer. Wunder um Wunder. Eins in das andere verliebt, im Zeugungsakt ineinander verkeilt.

Die alternde Operettendiva weiß um die brutale Begierde nach Sein und Morden: „Es ist ein großer Irrtum, wenn man glaubt, daß im Alter das Verlangen nachläßt. Ich werde immer sehnsüchtiger. Manchmal denke ich, man müßte das Fleisch erschlagen, damit endlich Ruhe ist. Haben Sie den Film über Robbenjagd im Fernsehen gesehen? Die Jäger erschlagen die Robben mit Eisenstangen, aber die Tiere hören nicht auf zu quieken. Man muß sehr lang schlagen, bis eine Robbe schweigt." Ein Wunder genießt das andere, frißt das andere auf, um für neue Wunder Platz zu machen. Ein Österreicher weidet sich an der Qual des anderen Österreichers, alle miteinander wollen sich an der Qual der Asylanten weiden, ein Herr im Freizeitanzug drückt seiner hysterischen Gattin die Hand auf den Grillrost, sie schlägt ihm bei der nächsten Gelegenheit mit dem Tennisracket in die Wirbelsäule, er wird sich revanchieren und seine Frau mit Benzin überschütten, alle einigen sich zuletzt, das nahegelegene Flüchtlingsheim auszuräuchern und schleppen voller Tatendrang Benzinkanister durch die lichte Schöpfung. „Seien Sie ruhig, mein Fräulein, in diesem Lande wird man immer Menschen verbrennen. Einmal mehr und einmal weniger. Das liegt den Leuten hier so im Blut", beruhigt der alte Mann, der Jud', das junge Mädchen, die Schönheit. Ihm, der das Gesetz zu begreifen anfängt, wird von ein paar Skinheads die Schädeldecke eingedroschen. Er stirbt in den Armen der Schönheit, nicht ohne zuvor seine Erfahrungen mit der Weltordnung deponiert zu haben: „Am Ende dieses Jahrhunderts, dem ich beinahe zur Gänze angehörte, wird alles zur Wiederholung, dreht sich alles im Kreise, das ist die Wahrheit. Ich weiß nicht mehr, was ich erlebt habe und was ich erfunden habe. Dieses Jahrhundert hat sich entleert, bis auf den Grund, alles ist ausgeleert worden, und die letzten Tropfen sind aufgeleckt worden und übriggeblieben ist die Kopie und der Durst. Ich bin so schrecklich durstig, mein Fräulein."

Alles in allem ein erkenntnisreicher Tag für den lieben Gott, der die ganze Zeit über auf einem Baumstrunk gesessen ist, und zugeschaut hat. Und Gott sah, daß es gar nicht so gut war. Er holt sein Gewissen heim ins Ungeschaffene und knipst das Licht aus.

Das Publikum läßt sich das vorspielen. Vielleicht wird's eine Hetz . Es kichert zuerst, oder schläft später ein, oder schreit „buhhh!", als der Vorhang fällt.

Der Erzbischof Koadjutor aber hat das Spiel sehr wohl verstanden. Es war ja auch für ihn geschrieben.

Vor 700 Jahren hat es nach gebratenem Menschenfleisch geduftet, in den Hügeln des Roussillon, wo es sonst nach Thymian zu duften pflegt und woher der schwarze, schwarze Wein fließt. Die letzten 200 ketzerischen Albigenser brutzelten am Rost, weil sie die Ordnung im Detail betrachtet und daraus ihre Schlüsse gezogen hatten. Exzellenz hält vor laufender Fernsehkamera zu seinem Freunde Peter Turrini. Sie können ohne einander nicht auskommen. Die Dogmen des einen sind die Argumente des anderen. Der Erzbischof verfaßte in Rom den Weltkatechismus, Peter Turrini in Maria Saal den Kommentar. Der Erzbischof Koadjutor beruft sich auf die Wahrheit, der Dichter ist der Anwalt der Wesen, welche die Konsequenzen dieser Wahrheit tragen.

Der Beitrag Kärntens zur Theologie des sterbenden Jahrhunderts ist ein fundamentaler.

Maria Saal

# REQUIEM FÜR DEN HOMO SAPIENS

Am 10. Juni 1995 bin ich am Loibl dem Maler Valentin Oman begegnet. Vor dem kalt niederprasselnden Regen hatten wir mit einigen hundert Menschen Zuflucht unter dem Vordach des Zollamtsgebäudes gefunden. Links im Hang gähnte die Einfahrt zum Tunnel. Es ist jener Tunnel, von dem ich zum ersten Mal durch die Erzählung des alten Herren in der Bretagne erfahren hatte. Zum ersten Mal im vergangenen halben Jahrhundert nahm das offizielle Kärnten Notiz von dem Konzentrationslager zu beiden Seiten des Loibl, wo Menschen zu Tode geschunden und gespritzt worden waren. Die Buam hatten ja Schweigen befohlen. Und Befehl war Befehl. 50 Jahre lang wurde so befehlsgemäß eisern geschwiegen.

Vorne, neben dem Rednerpult, steht ein ehemaliger Häftling des Konzentrationslagers und senkt die seidene Trikolore mit dem roten Winkel im weißen Feld, als ein Kärntner Chor den „Chant des Déportés" anstimmt. Valentin Oman war auf den Loibl gekommen, weil ihn die Toten in Kärnten, und ganz besonders die vergessenen Toten, etwas angehen. Vor Jahren schon fiel ihm das Wort „Requiem für den Homo sapiens" ein, wenn man ihm, dem Wortkargen, Fragen zu seinem Werk stellte. Die Feierlichkeiten neigten sich ihrem Ende zu, die Ferlacher Stadtkapelle intonierte die Bundeshymne und Kärntner Exekutivbeamte standen stramm vor den Geistern der Geschundenen. Auch das zum ersten Mal. Die Buam hatten ihre bislang bitterste Niederlage hinnehmen müssen.

Drüben, auf der slowenischen Seite, würde die Feier auf dem Boden des Lagers Süd weitergehen. Valentin Oman eröffnete mir, er wolle zu Fuß durch den Tunnel gehen, durch dieses Stück Unterwelt in der Seele Kärntens. Ich überredete ihn, zu mir ins Auto zu steigen. Beim Tunneleingang mußten wir eine Weile warten und wir sprachen über das „Requiem für den Homo sapiens". Als wir in das Tunnelportal einfuhren, fiel mir dazu eine Sage ein, die ich im Buche meiner Großmutter gelesen hatte:

Bild umseitig:
KZ am Loibl: So waren sie gekleidet.

„Ein Bauernbursche ging Mitternacht nach Hause. Als er über den Kirchrain die Straße hinunterging, begegnete ihm ein langer Zug sonntäglich gekleideter Leute. Er dachte sich nichts weiter dabei, als daß es Wallfahrer seien. Neugierig betrachtete er die Leute, die stumm ihres Weges zogen. Da erblickte er in der Schar gegen Schluß mehrere Bekannte und erschrak, denn er wußte, daß sie schon vor einiger Zeit gestorben waren. Jetzt wurde ihm unheimlich, und er begann zu eilen. Der letzte im Zug rief ihm noch zu: ‚Zahl eine Messe!'"

Der Ruf des letzten im Zug ist schon früh ans Ohr Valentin Omans gedrungen, die Annahme drängt sich auf, während die graue Betonwand der Tunnelröhre an uns vorüberhuscht. Jeder Meter ist hier von Geistern besetzt und die vergessenen Geister erheben Anspruch auf Geborgenheit in der Gegenwart. Myriaden vergessener Geister gibt es in Kärnten, aber nur wenige Fromme, die ihnen ein Andenken bewahren. Valentin Oman hat seit zehn Jahren vertrauten Umgang mit ihnen. Damals gab ihm der ebenso fromme wie kluge Bischof Kapellari von Gurk und Klagenfurt den Auftrag, die Kirche des Priesterseminars von Tanzenberg auszugestalten. Eine Kirche über dem Zollfeld, über der antiken Stadt Virunum.

Fettig glänzt die Scholle am Zollfeld, wenn die Pflugschar hineinschneidet und beiderseits der Furchen Klumpen aufwirft. Manchmal scheuert das blanke Eisen über Metall oder Stein, zerschneidet ein zartes Knöchlein. Vielleicht hält der Bauer an, um nachzuschauen. Ein Fingerring, eine marmorne Tafel finden sich allemal. Das Ringlein ist am Finger eines Dirndls gesteckt, das ist mit der ganzen Pracht ihres Leibes verfault und samt ihrem Grabstein in den unterirdischen Ozean des Kärntner Vergessens gesunken. Am Zollfeld, auf dem Lurnfeld, am Hemmaberg ob Globasnitz, dort haben die Kärntner Buam zuerst das Vergessen gelernt, am Loibl und am Ulrichsberg haben sie ihr Vergessen perfektioniert. Der Bua braucht das Vergessen, sonst kann er nicht so lustig sein, wie es die anderen Buam im braunen Rocke von ihm erwarten. Sie ackern die Urgroßmütter und die Urgroßväter in den fettigen braunen Boden ein. Es ist ihnen so gar nicht recht, wenn dann einer daherkommt, und sich untersteht, tiefer zu schürfen.

Nur die paar übriggebliebenen Frommen im Lan-

Bild umseitig:
Unten liegt Virunum

de, Leute wie Valentin Oman, wollten nie so recht lustig sein, solange den Toten das Requiem verweigert wird. Ihnen vertrauen die Geister Kärntens.

„Ein junger Knappe begab sich eines Tages nach vollbrachtem Tagewerk heim. Unterwegs hielt er auf einem Baumstrunk kurze Rast. Plötzlich klopfte ihm jemand auf die Schulter; er fuhr empor und gewahrte nun einen Greis, angetan mit einem fremdartigen, faltigen Gewand, voll milden Ernstes im Antlitz. Dieser winkte ihm mit der Hand, und der Jüngling folgte ihm in einen finsteren Stollen. Bald befanden sie sich in einem taghell erleuchteten Saal des Berges, wo der Knappe zu seinem Erstaunen viele fremde Männer in gleich altertümlicher Tracht um einen großen Tisch sitzen sah. Sie winkten den Fremdling stumm zu sich heran, füllten ihm seine Taschen mit Goldstücken, und der Führer reichte ihm zum Abschied einen Becher feurigen Weins. Obwohl der Jüngling die Sprache, in der die Männer ihn nun freundlich anredeten, nicht verstand, glaubte er sie doch als jene zu erkennen, in der der Priester seine kirchlichen Gebete verrichtet. Bei der Leutseligkeit der Alten war seine Furcht geschwunden. Er ergriff beherzt den Becher und leerte ihn mit einem kräftigen ‚Vivat!' Da tönte aus ihren Kehlen das ‚Vivat!' tausendstimmig durch den Berg; die Augen der Fremden funkelten und in unabsehbarer Menge strömten immer neue Scharen herein und riefen ‚Vivat!' Es war, als hätte das eine lateinische Wort, das der Arme kannte, die Geister aller Römer beschworen. Immer größer wurde ihre Zahl, sie drängten sich um ihn, tranken ihm jubelnd zu und beschenkten ihn aus Freude über dies eine Wort, das er ihnen nichtsahnend in ihrer Muttersprache zugerufen hatte. Als reicher Mann betrat er die Heimat wieder und ließ aus Dankbarkeit für seine Wohltäter ein Totenamt halten."

Die Buam, die wollen nix wissen, von der großen Stadt Virunum unter der klebrigen Scholle, von ihren Tempeln und Tavernen, den Villen, den Altären und Statuen. Die keltischen Druiden und die skeptischen Römer haben sie ebenso eingeackert wie die frommen Slawen und die ebenso frommen Bajuwaren. Man muß viel vergessen haben, um vergessen zu können, daß die Historie dieses Landes nicht am 10. Oktober 1920 begonnen hat. Eine ganze schwere, kostbare Tradition haben die Buam gegen einen geschichtslosen braunen Anzug eingetauscht, Mütter und Väter, Lust und Tränen, die Trachten von Millenien gegen eine billige Fälschung.

Wer hierzulande vom vergessenen Reichtum unter der Scholle redet, den verfolgen sie mit der Wut der Getäuschten. Und so hätten die Buam den Maler Valentin Oman am liebsten gleich aus dem Land vertrieben, als sie sahen, wie er jetzt bedächtig die vergessenen Geister der Mütter und der Väter anrief. Tag um Tag gräbt er hinunter in die Kärntner Seele und birgt die vergessenen Habseligkeiten aus dem Elternhaus, zerbrochene Häfalan, wo sie den Ritschert gekocht haben, die Schüssel, wo der Sterz angerichtet war, die Löffel, aus denen sie die Rahmsuppn geschlürft haben. Das ist dem Valentin Oman aus Sankt Stefan Mallestig alles heilig, das alles möcht' er aus der fettigbraunen Scholle klauben, abputzen, aufheben. Weil schad' drum ist. Weil um alles Sünd' und Schad' ist in Kärnten. Soviel Schad' auch um die Kärntner Sprachen, die Kärntner Flurnamen, die Kärntner Gwandln, die alle haben vergessen müssen, weil es die Buam so haben wollen. Die Buam, die sich für die eigene Muatta schämen, weil die älteren Buam im braunen Gewande ihnen einsagen, daß sie lei eine Tschuschin ist. Valentin Oman, der ein sanftmütiger Mann ist, wird fuchsteufelswild, wenn er aufdeckt, daß sie den Namen seines Heimatdorfes Sankt Stefan Mallestig in ein neumodernes Finkenstein umgemogelt haben. Er wird zornig, wenn er der mutwillig vergessenen Völkerschaften und Generationen gedenkt, an die in Kärnten kein Denkmal erinnert, denen kein Requiem gesungen wird. Denen sie noch im Grab die Ehr' stehlen wollen.

„Ein Mann lebte mit seiner Mutter immer in Unfrieden. Ja er haßte sie sogar und tat ihr so oft als möglich ein Leid an. Seine Frau war viel liebevoller als er. Da starb die Mutter und hatte nicht die nötigen Kleider. So mußte denn die Schwiegertochter eine Schürze hergeben, damit die Tote ordentlich angekleidet werden konnte. Als nun der rohe Sohn heimkam, bemerkte er die Schürze seiner Frau an der Leiche. Rasch trat er an die Tote heran und riß ihr die Schürze herunter. Da sprang nun die Leiche auf den Rücken des entmenschten Sohnes und sprach: ‚Neun Monate habe ich dich unter dem Herzen getragen, nun sollst du mich neun Monate auf dem Rücken tragen.' Kein Mittel half, er mußte die Tote auf jeden Gang mit-

nehmen, zur Strafe für seine Roheit der alten Mutter gegenüber."

Es geht darum, beide aus ihrer Hassesumarmung zu erlösen, die beleidigte Muatta und den dreisten Buam. Aber wie? Indem ihnen ein Frommer zu einem Requiem verhilft.

Unschlüssig stand Valentin Oman im Jahre 1987 vor den weißen Wänden in der Kirche zu Tanzenberg. Unter der Glaubensburg breitet sich das Zollfeld aus, mit allen seinen unbedankten und vergessenen Geistern. Vor ihrem Urteil würde er bestehen müssen, wenn er den Auftrag des Bischofs annahm.

Den Kirchenraum kannte er nur zu gut: Es ist ein gefälschter Bau, vor 100 Jahren aufgeführt in jenem verlogenen neuromanischen Stil, der die Herzen abschnürt und die Gewissen beleidigt. Valentin Oman ist als Zögling Tag für Tag in aller Herrgottsfrüh' in diesen herzlosen Raum beordert worden, um das zu tun, was die gestrengen geistlichen Herren unter Beten verstanden. Die süßsauren Heiligen mit ihren teigigen Leibern umstanden ihn und schauten ihm auf die Finger, ob er wohl brav im Schott blätterte. Aus den Beichtstühlen drang verstecktes Lispeln und aus der Internatsküche der entmutigende Duft nach schwachem Kaffee und Hirschseife. Viele seiner Mitschüler sind, hin- und hergerissen zwischen Zerknirschung und Weihrauchekstasen, brav geworden. Sie haben klein beigegeben und sind ihr Lebtag lang die Kinder geblieben, die zu werden sie nicht mehr die Stärke aufzubringen vermochten. Andere haben Reißaus genommen, um vor lauter befohlener Sorge um das Seelenheil nicht Schaden zu nehmen an ihren Seelen. Sie haben lange gebraucht, bis sie sich ihre Herzensangst vor der Herzlosigkeit dieses Raumes von der Seele geschrieben hatten. Im Zorne blickten sie zurück auf ihre eigene heimwehgewürgte Armseligkeit in ständiger Panik, den Flammen der Hölle zu verfallen und dem Biß des Wurmes, der da nicht stirbt.

Valentin Oman aber ist zurückgekehrt. Er stellte sich noch einmal der glatten Kälte dieses Kirchenschiffes. Was tun mit diesem bigotten Tunnel nach nirgendwo?

Er entschied sich, dem Kirchenschiff die Würde zu geben, die es nicht besaß. Hier oben, über dem Zollfeld, über der versunkenen Stadt Virunum, würde er den

vergessenen Seelen das Requiem zelebrieren, welches der letzte im Zug von den Lebenden fordert, daß alle miteinander Ruh' hätten und Frieden in omnia saecula saeculorum.

Kaum gerufen, kommen sie herbei, in langem feierlichen Zug die einen, in Gruppen die anderen, pilgern sie aus ihren modrigen Schächten und ihren Urnen herauf. Fleisch und Knochen ihrer Antlitze sind schon ganz aufgegangen in der Aura, die purpurn und himmelblau erstrahlt, je nach ihren verwehten Lebensgängen.

Valentin Oman versammelt alle Seelen im Chor der Tanzenberger Kirche. Keiner ist ausgeschlossen. Das leuchtet und strahlt durcheinander, violett, rot, blau und golden, so wie sie alle durcheinander gelebt, geküßt, gesegnet, geflucht und zuletzt geröchelt haben. Voller Respekt malt sie der fromme Mann an die weißgekalkte Wand. Ehe die Farbe trocken ist, legt er einen Gazeschleier über die Gestalt, die er soeben vollendet hat. Später reißt er den Schleier herunter, ob hinter ihr noch ein anderer vorhanden ist. Es soll keiner der Anwesenden den anderen verdecken, jeder hat Recht auf seinen Anteil am Opfer. Und überdies: Wer der Messe der Toten beiwohnt, der muß ein Stückchen Stoff zurücklassen, das teilen sich die armen Seelen dann auf. Damit sie es schön warm haben bis zum jüngsten Tag.

Wie die Toten in der Sage vom Allerseelenzug von Kaning und jene in der Stiftskirche in Millstatt, die ihre eigene Allerseelenmesse und ihre eigene Christmette feiern. Zuletzt aber, nach langen Monaten, haben glücklich alle, die Valentin Oman eingeladen hat, ihren Platz im Chor der Tanzenberger Kirche gefunden. Und für jeden bleibt ein Fetzchen Gaze übrig.

In der Bretagne, wo ich die Geschichte des Konzentrationslagers am Loibl erfahren habe, hörte ich die folgende Geschichte. Sie fiel mir ein, als wir, immer noch im Regen, über den Rasen des Lagers Süd gingen.

„Mein Großvater, der alte Chatton, kehrte eines Abends aus Paimpol zurück. Es war Heiliger Abend. Es hatte den ganzen Tag über geschneit, sodaß die Straße ganz weiß war; weiß waren die Felder und die Hecken. Da er Angst hatte, in dem vielen Schnee vom Wege abzukommen, ließ mein Großvater sein Pferd im Schritt gehen. Als

er zu der Ruine der alten Kapelle kam, die am Ufer des Trieux an der Böschung steht, da hörte er aus der Ferne das Mitternachtsgeläute. Und sogleich begann ganz nahe eine Glocke zu bimmeln, als riefe sie zur Mette. Schau dir das an, dachte mein Großvater, sie haben die Christophorus-Kapelle hergerichtet. Das habe ich gar nicht bemerkt, als ich in der Früh vorbeigekommen bin. Ich habe wohl nicht in diese Richtung geschaut. Die Glocke bimmelte noch immer. Da beschloß er, nachzuschauen, was das zu bedeuten habe. Wie neugebaut erhob sich die Kapelle im Mondlicht. Im Inneren waren die Kerzen angezündet, ihr rötliches Licht schimmerte durch die Fensterscheiben. Großvater Chatton stieg ab, band das Pferd an einem Zaunpfahl an und ging in das ‚Haus des Heiligen'. Die Kapelle war voller Leute. Und wie andächtig sie alle waren! Nicht einmal ein einziger Huster, wo die Leute sonst doch unablässig in der Kirche husten. Der Alte kniete sich nieder. Der Priester stand am Altar, sein Ministrant ging im Chor hin und her. Großvater sagte sich: Wenigstens habe ich die Christmette nicht versäumt. Und er fing an zu beten, wie er es gewohnt war, für diejenigen seiner Verwandten, die er verloren hatte. Unterdessen hatte sich der Priester zum Volk gewendet, als ob er es segnen wollte. Großvater sah, daß er merkwürdig strahlende Augen hatte. Und noch merkwürdiger, diese Augen schienen ihn, Chatton, in der Menge ausfindig gemacht zu haben, ihr Blick blieb auf ihn gerichtet. Zuletzt genierte sich Großvater schon. Der Priester hatte eine Hostie aus dem Ziborium genommen, er hielt sie in seinen Fingern und fragte mit dunkler Stimme: ‚Ist da einer, der kommunizieren kann?' Niemand antwortete. Dreimal wiederholte der Priester seine Frage. Da erhob sich Großvater Chatton. Der Priester stieg sofort die Altarstufen herunter, während Großvater durch das Gedränge schritt, um beim Speisgitter niederzuknien. ‚Mein Segen komme über dich, Chatton', sagte der Priester, sobald Großvater die Hostie geschluckt hatte. ‚Es war an einem Heiligen Abend, da schneite es wie heute und ich weigerte mich, einem Sterbenden die Wegzehrung zu bringen. Das war vor dreihundert Jahren. Um erlöst zu werden, war es notwendig, daß ein Lebender die Kommunion aus meiner Hand nähme. Sei bedankt. Du rettest mich und du rettest gleichzeitig alle die armen Seelen, die hier versammelt sind.'"

Ich war damals oben in Tanzenberg, als Valentin

Oman sich anschickte, den Hauptaltar zu malen. Den Altar wollte er erst beginnen, wenn die Fresken im Chorraum vollendet wären.

Jetzt, unter den vorsichtig prüfenden Augen aller toten Landsleute vom Anfang der Zeiten, machte sich Valentin Oman ans Werk. Bunte Auren umflimmern Gestalten wie Weihrauchwolken: Aus strahlenden Heerscharen, Thronen, Mächten und Gewalten ist der unzerteilte Rock gewebt, der alle und alles bekleidet. Im Rundbogen darüber schimmert durch ein Velum aus Gold die schreckliche Ikone, deren Herkunft niemand kennt. 100 Jahre nach ihrer Errichtung ist aus der herzlosen Seminarkirche ein Heiligtum geworden, wo sich die Seelen der Kärntner zu einem unablässigen Requiem gefunden haben, stellvertretend für alle Menschen, für die unselige Gattung des Homo sapiens.

Kein Sonnenstrahl wollte an diesem Tag am Loibl oben die Wolkenlast durchstoßen. Es regnete wie Weihwasser auf einen Sarg. Es regnete, als strömten alle ungeweinten Tränen um die vergessenen Kärntner auf einmal vom Himmel.

# WÜSTUNGEN

Im rauschenden Wald windet sich der Serpentinenweg rund um den Ulrichsberg empor. Farne wachsen am Wegrand, in der erdigen Böschung hangwärts tummelt sich feuchtes Getier: Grüne Frösche und Salamander im schwarzgelben Kleid kaiserlicher Herolde. Der Salamander ist ein heiliges Tier. Weiter geht der Weg durch eine sanft abschüssige Wiese, wo das Gras hochsteht und flirrt vor flüchtenden Heuschrecken. Der Pfad umrundet den Berg im Sinne des Sonnenlaufes. Er ist ein heiliger Berg. Weiter oben säumen Himbeersträucher den Weg, Efeu rankt sich um die Tannenstämme, der Wind bläst durch ihre Wipfel. Die Tanne ist ein heiliger Baum, der Efeu kündet von der Unsterblichkeit.

Noch unter der Kuppe befinden sich die Grundmauern des Tempels der dreihäuptigen Isis Noreia, überwuchert von Farnen und Stauden. Das Herz des Landes: Das Haus der Jungfrau, der Mutter, der dunklen Zauberin. Die große Mutter Österreichs hat an diesem Orte gewohnt, als in Mariazell noch kein Stein auf dem anderen stand. Seit sich Leute zu erinnern vermögen, sind Leute heraufgezogen. Die Frauen haben Dirndln an, wie die Mädchen auf den Grabsteinen, welche man in Virunum gefunden hat, und eine Tasche mit der Jause tragen sie mit: Und einen Spiegel, das Abzeichen der Göttin. Die Männer nähern sich in frommen Schauern. Welches der drei Häupter wird ihnen die Herrin zeigen?

Soweit die Idylle. Die Süße der letzten am Wegrand gepflückten Himbeere hat sich unter dem Gaumen aufgelöst. Mit jedem Schritt im Tempelbezirk ist der Zauber dichter geworden, aber ein dumpfes Unbehagen stellt sich ein, das nicht zu diesem Orte passen will. Hängt da nicht ein feiner Geruch im Dickicht, Brandgeruch, schwelende Fäulnis, sowie der aufregend üble Duft, der manche Menschen daran hindert, eine Fleischhauerei zu betreten. Ich habe als Kind meine Großmutter gerne beim Einkaufen begleitet, am Samstag ist sie um die Schnitzel gegangen. Hier, beim Fleischhauer, ist mir dieser Geruch zum ersten Mal in die Nase gestiegen.

Die Kuppe ist erreicht. Brandgeschwärztes Gemäuer ragt in die Höhe. Es war einmal eine Kirche da. Wohin hat sich die Andacht verflüchtigt, die einen solchen Ort umschwebt, warum kommt Ekel hoch? Ich trete durch den gotischen Spitzbogen. Unwillkürlich wende ich den Blick auf das Tor hinter mir. Über dem Portal hat jemand ein Relief eingelassen: Zwei wilde Antlitze, verstockt, rachedurstig, verzweifelt, von schierer Wut ihres Geistes beraubt. Zwei Leiber, nichts als Sehnen, Training und Jagdtrieb. Der eine hält den anderen, erlegt Hinsinkenden, in seinen muskulösen Armen und schreit in die Leere. Das Relief ist einer der abertausend Abgüsse des Originals von Arno Breker, ein Leitfossil der Kunst des Nationalsozialismus. Ich erinnere mich der Bilder in Kärntner Zeitungen. Höchste Repräsentanten des Landes, Landeshauptleute gar, sind doch unter diesem schrecklichen Relief durchgeschritten. Sie haben Kränze gebracht und im ausgebrannten Kirchenschiff niedergelegt.

An den Mauern sind Tafeln angebracht. Jede Tafel gedenkt einer Blutschuld und der Täter, welche diese Bluttaten ausführten. Der Opfer wird nicht gedacht. Die Inschriften auf den Tafeln noch lassen die Erinnerung an einen entsetzlichen Duft aufsteigen. Die Politiker haben gewußt, oder nicht gewußt, wem sie hier Ehre erwiesen.

Mit Vorbedacht haben sich die alten und die jungen Buam diesen heiligen Ort ausgesucht, um das Mysterium des Landes zu profanieren. Den Mons Caranthanus muß man besudeln, das ahnten die Buam: Dann ist der mütterliche Zauber gebrochen, der über dem ganzen Lande Kärnten schwebt. Was die Buam hier oben, am Mons Caranthanus, angerichtet haben, das hat die Quellen versiegen lassen, die Herzen verschlossen, den Verstand getrübt.

„Das Land war tot und öde, und sie vergaßen

die Stimmen der Quellen,

die Jungfern, die in ihnen waren."

Die verkleideten Pilger, die heutzutage im Oktober heraufziehen, die latschen kaltschnäuzig am mütterlichen Herzen des Landes vorbei. Sie streben dieser Kuppe zu, wo einst die Kirche des heiligen Ulrich gestanden ist. In den edlen gotischen Bau hat der Blitz eingeschlagen und die Buam haben ihn nicht mehr aufgebaut. Sie waren

Das Heiligtum erobert.

AFRIKA

es wohl zufrieden, daß nichts sie mehr zwang zu Sitte, Ehrfurcht und Brauch. Aber an den Ruinen, da haben sie ihren frevlerischen Übermut ausgelassen. Nicht mehr der Großen Mutter, nicht mehr der Himmelmutter ist hier ein Altar errichtet, und auch nicht ihrem gehorsamen Sohn.

Sie haben ihre Tafeln aufgerichtet, und jede Tafel ist dem blutgeilen Metzgergötzen geweiht, dem Kriegsgott, dem Moloch, der der Mutter die Kinder stiehlt und dem die Buam in blutrünstigen Gesängen Treue schwören.

Der Waffen-SS wird frevlerisch an dem heiligen Orte gedacht, jener Truppe, die in Oradour sur Glâne geschlachtet hat, in Lidice, an zahllosen Orten zwischen dem Atlantik und dem Kaukasus, zwischen dem Eismeer und Sizilien.

Aus einer gefällten heiligen Birke haben sie ein Kreuz gezimmert, das leer ist, so als warteten die Buam auf wieder einen, den sie daran schlagen könnten.

Die Buam opfern Jahr für Jahr im Oktober schrecklichen Göttern. Diese erhören sie höhnisch und lassen das Land verdorren.

Tief unten in der Seele, wo der Gewissenswurm nagt, haben selbst die hartgesottensten unter den Buam immer geahnt, daß die Beleidigung der Großen Mutter ihnen kein Glück bringen wird. Überall sind Seelenabgründe, aus denen Erinnerung und Mahnung heraufweht. So wie es überall im Lande Höhlen und Löcher gibt. Dort haben die Götzenweiber gewohnt, erzählt die Sage.

„Die Götzenweiber waren allwissend und besaßen Gewalt über Glück und Unglück. Sie kamen oft zu den Menschen herab, um ihnen singend die vorteilhafte Zeit für die Saat zu verkünden. Als aber die Menschen gottloser wurden, die Frauen verspotteten und verhöhnten und in der Nacht mit Peitschen zu knallen anfingen, gaben diese den Verkehr mit ihnen auf und ließen sich nicht mehr sehen."

Sie waren Freundinnen der Hirten und Bauern, wird von den Billeweis, den Verwandten der Saligen und der Hadischen erzählt. Sie kündigten ihren Schutzbefohlenen die Zeit der Aussaat und den Geburtstag ihrer Kinder an. „Auch waren sie Prophetinnen des Volkes. Den

Bild umseitig:
Sie entblößen ihre Medaillen

Hirten nahmen sie hie und da ein Tier, und nachdem sie dessen Fleisch verzehrt hatten, überzogen sie die zurückgelassenen Knochen mit der Haut, worauf das Tier wieder zu Leben gelangte. Das Peitschenknallen der Hirten und Fuhrleute hat sie im Laufe der Zeit verscheucht." Aus dem Nievergessenen weht die Erinnerung herauf, wer im Lande Kärnten zu Recht über Leben und Tod gebietet: „Er sah ein Pferd herantraben, das eine Leiche im Sattel trug. Eine der Frauen erhob sich, nahm den Leichnam aus dem Sattel, badete ihn in einem Zuber heißen Wassers, der ein wenig niedriger war als die Tür, und bestrich den Körper mit einer kostbaren Salbe. Der Mann erwachte zu neuem Leben, grüßte und machte ein heiteres Gesicht", so heißt es im walisischen Parzival. Die Buam wollen es vergessen und vergessen machen, und knallen mit ihren Peitschen.

Die Buam heutzutage haben eine kleine Kanone, die ziehen sie an einem Stricklein nach, wenn sie über die Fluren stapfen. Und während sie die alten Lieder singen, knallen sie herum und grinsen sich eins, weil sie glauben, daß den Weibern Hören und Sehen vergeht, vor Angst.

## Die Henne und der Fluch

„Da lebten einmal, vor vielen Jahren, Hadach-

frauen, die waren groß und stattlich gebaut und galten als Halbgöttinnen. Sie wußten um Dinge, die sie nicht sahen, und keine Übeltat blieb ihnen verborgen. Gerne arbeiteten sie bei den Bauern, und zwar ohne Entgelt." Hühner haben sie gerne gehalten, die Halbgöttinnen. Und einmal, da hatten sie ein Nest für die Bruthenne gemacht und das Tier sorgfältig betreut. Davon haben die Buam gehört. Diesfalls waren es Bergleute, die in ihren Stollen nach Gold gruben: Um sich einen Spaß zu machen, nahmen sie einmal die Eier vom Nest und gaben dafür weiße, runde Steine hinein. Die Frauen haben das natürlich sogleich gemerkt und verfluchten den Bergsegen: „Sowenig die Henne die Eier wird ausbringen, sowenig werdet ihr noch Gold finden im Berg!" Das haben die alten Sagen im grauen Buch der Großmutter so an sich, daß sie von Gold reden, wenn sie die Unschuld meinten.

„War ma doch wohl alle bei da SS, was is' denn da schon dran?" Der Satz fällt am Stammtisch, in diesem Wirtshaus, bei jeder Runde, von Zeit zu Zeit, er fällt oft. In Kärnten, dem entweihten Land der Großen Mutter, fällt er öfter als anderswo. Wer im Oktober auf den Ulrichsberg steigt, der weiß, warum er hierzulande öfter fällt.

Die Schänder der Landesheiligtümer müssen zusammenhalten, um an ihrer gestohlenen Macht zu bleiben. „Wenn alle untreu werden, so bleiben wir doch treu", heult es im Oktober aus Wolfskehlen, und das Rudel weiß, daß sie mit diesen Versen nicht nur das Andenken der Großen Mutter schänden, sondern auch ihren inbrünstigen Sänger Novalis verhöhnen, der sein Lied nicht einer marodierenden Schlächterbande gewidmet hat, sondern der Himmelmutter.

„War ma doch wohl alle bei der SS, was is' denn da schon dran?" feixen die Buam und sie wissen genau, was da schon dran war. Damals, 1942–1945, haben sich ihrer 80 zu einem SS-Chor zusammengerottet. Ihr Anführer hieß Odilo Globocnik.

Er, der vordem ein Ganove war, und wegen Beteiligung an einem Raubmord einsaß, zählte zu den Teilnehmern der Anschlußverschwörung 1938. Seine Kumpane waren die schaurigsten Schlächter dieses Jahrhunderts: Kaltenbrunner, Wächter, Seyss-Inquart, Rainer. Odilo Globocnik war Erfinder der Aktion Reinhart. Adolf Hitler hatte ihm die Durchführung der Ausrottung der Juden im

Bild umseitig:
Die Buam…

Generalgouvernement anvertraut. Als Gehilfen boten sich Kärntner Buam an, „die warn doch alle bei der SS, was is' denn schon dran?"

80 Kärntner Buam, und wo sie hinkamen, dort türmten sich die Leichenberge in den verschlossenen Himmel. Wenn sie von ihrem Tagewerk in die Unterkünfte zogen, immer im zackigen Gleichschritt, wenn sie wieder tausend Menschenkinder erschlagen, erschossen, massakriert hatten, da heulte es aus 80 Wolfskehlen: „Wann i von mein Diandle hamwärts geh'!" Voran marschierte ein Kaffeesieder aus Klagenfurt, Odilo Globocniks rechte Hand. Die Wehrmachtstäbe haben sich den Chor oft ausgeliehen, die schönen Lieder sollten sie an die Heimat erinnern. Die Buam haben auch später zusammengehalten. Als der Kaffeesieder zur Verantwortung gezogen wurde, da haben sie alle nix mehr gewußt.

Nix mehr gewußt von den Tausenden im Ghetto von Lublin, um die Männer, Frauen und Kinder, deren Blut und Gehirn in die Erde geronnen sind, deren Asche mit den Winden um den Globus treibt. Nix mehr gewußt von

Und dennoch kommen die Frommen…

des Kaffeesieders Schlachtfesten auf der Insel Krk, in der Risiera di San Sabba zu Triest. Dafür sind die besseren Leute von Klagenfurt noch Jahrzehnte später in seinem Kaffeehaus auf ein Plauscherl zusammengekommen.

„War ma doch wohl alle bei der SS, was is' denn da schon dran?" Der Satz ist gefallen, als sie den „Gefangenen von Gaeta" am verwüsteten Mons Caranthanus feierten, den düsteren Mann, der sich den Rang eines Sturmbannführers der SS erwarb, indem er fünf Jahre lang in der Wache des Konzentrationslagers Dachau diente. Dem Schergen von Dachau, dem Anbeter des Metzgergötzen, schlug das Beifallsgegröl der Buam entgegen, wo immer er sich's in den Wirtshäusern bequem machte.

„War ma doch wohl alle bei der SS, was is' denn schon dran?", staunten die Buam grinsend, als bekannt wurde, daß der Lagerarzt des Konzentrationslagers am Loibl, einer Außenstelle von Mauthausen, unbehelligt seine Praxis weiterführte. Der schreckliche Ruf dieses Mannes, der seine „Patienten" mittels Phenolspritzen ermordete, wenn einer wegen einer Verstauchung nicht mehr strammstehen konnte, war durch ganz Europa gedrungen. Wenn einer sie fragt, dann wollen die Buam nix gewußt haben, an den Stellen, wo sie ihre Opfer verscharrt oder in Rauch aufgehen lassen haben, ist keine Tafel aufgerichtet, oder zumindest ist sie dergestalt angebracht, daß kein Vorübergehender sie zu lesen vermag. Das Wort Kärnten ruft im Westen des Kontinents die Frage auf: „Was wissen Sie vom Loibl?" Der französische Autor André Lacaze hat die Sage vom Loibl geschrieben, er war einer von den Arbeitssklaven, ständig ausgesetzt den bestialischen Hetzjagden der SS und sein Zeugnis wider die Buam wird von keinem Gestampfe und Geknalle übertönt.

Es gibt kein Davonlaufen vor dem Zeugnis, auch nicht in die Vergangenheit. Wer am Leben frevelt, der bringt das Land um den Segen, da hilft kein Stampfen und kein Leugnen, kein Peitschenknallen, kein Strammstehen, keine Metzgertreue und kein diensteifriges Hinschmieren zur beleidigten Heimat. Jeder Frevel hat seine Sage und die Sage hatte die Metzger schon verurteilt, ehe sie noch an ihr blutiges Tagewerk gingen.

„Es war ein Sonntagnachmittag. Eine Anzahl Bergknappen vergnügte sich in der Dorfschenke am Kegelspiel. Immer und immer wieder flogen die goldenen Kugeln über

Sie umrunden den Berg

die glatte Bahn, Flüche und rohe Scherzworte begleiteten sie. Abseits stand ein altes Weib mit einem blassen Kind am Arm und sah dem sündhaften Treiben zu." Ja, wenn sie nur eine einzige von den Kugeln hätte, dann wäre die Not für sie und ihr armes Kind zu Ende. Aber keiner der Buam achtet auf sie. Bis einer von ihnen plötzlich Pech im Spiel hat: Da fällt sein Blick auf das Weib und das Kind. Er grölt: „Bringt mir die goldene Kugel kein Glück, so will ich's mit einer beinernen versuchen!" Er spricht's und schlägt dem Kindlein den Kopf ab. Wie versteinert steht die unglückliche Mutter. „Doch als der Kopf des armen Kindes die lange Bahn hinabrollte, erwachte das Weib aus seiner Betäubung, und schrecklich klang der Fluch, den es ausstieß: „Weh, ihr Gottlosen, nie mehr sollt ihr euch des Bergsegens freuen, den ihr so mißbraucht!"

Ein Bild nur, aber es steht über den ausgebrannten Ruinen des Ulrichsberges, wie ein Alptraum. Die Kinder von Lublin, die Mütter von Chelmno, die Greise von der Risiera di San Sabba, die Leichengebirge in den Vernichtungslagern des Ostens, die Aschenwolken, die verbrannten Leiber in den rußgeschwärzten Mauern der Kirche von Oradour sur Glâne, Millionen Menschenseelen blicken auf die Buam, die am Ulrichsberg aufmarschieren und schamlos die Medaillen entblößen, welche sie im Dienste des Metzgergötzen erworben haben. Keiner von ihnen, der das millionenfach verfluchte Metall von der Brust abnestelte und es von sich würfe. Keiner, der sich schämte, für die Hölle selbst in den Krieg gezogen zu sein. Die Buam grinsen sich Bescheid zu, bis zum heutigen Tag: „War ma doch wohl alle bei der SS, was is' denn schon dran?"

Wüst ist das Land Kärnten, wo immer die Buam das Singen haben und das Sagen. Wo der Fuß der Buam hintritt, dort wachst ka Bam mehr und ka Grasle. Wo immer ein Heiligtum im Lande ist, da sind die Buam stramm angetreten, um es zu besudeln. Den Ulrichsberg haben sie mit ihrem Metzgerheiligtum geschändet. Alles, was an Brauch und Sitte und Anstand gemahnt, wird von ihren Garden im unkleidsamen braunen Gwandl zerschlagen, begraben, versteckt, übertüncht.

„War ma doch wohl alle bei der SS, was is' denn schon dran?"

Dennoch stecken die Frommen im Lande am Dreinagelfreitag die gewissen heiligen Kräuter in das Hutband,

Das Küssen der Kreuze vor Zweikirchen

Bärlapp am Magdalensberg, Efeu am Ulrichsberg, am Veitsberg Wacholder und Fichtenzweige am Lorenziberg, und gehen die Wege, welche die Frommen gegangen sind, seit es Menschen in Kärnten gibt. Dennoch bitten die Frommen die Himmelmutter um Gnad', beim Hinaufhasten auf ihren heiligen Berg. Dennoch drückt sich die eine und die andere in den steinernen Sitz der heiligen Hemma und bittet sie gar schön um eine glückliche Niederkunft. Irgendwo, unter der Erde, oder über den Wolken im Kärntner Himmel, muß der Kessel mit dem Lebenselixier versteckt sein, das die Kraft besitzt, dieses wüste Land wieder grünen zu machen, das den Buam die Bußfertigkeit und die Einsicht und den Frommen die Seligkeit schenken wird.

„Ich war ein Tropfen in der Luft.
Ich war ein leuchtender Stern.
Ich war ein Wort in einem Buch.
Ich war zu Anfang ein Buch.
Ich war ein Licht in einer Lampe" ,

singt der fromme irische Barde Taliesin, nachdem er vom Lebenstrank aus dem Kessel der Großen Mutter gekostet hatte.

Opfer wie in alten Tagen

„Der Ulrichsberg ruft“ steht auf den Plakaten der Buam geschrieben und im Oktober schlagen sie das Plakat im ganzen Land an. „Der Ulrichsberg ruft!“ Ja, aber er ruft die Frommen, daß sie im Sinne des Sonnenlaufes heraufsteigen sollen, damit sie das eine Heiligtum und das andere freilegen und reinigen, nach all der Schmach und all der Schande, welche die Buam mit ihrem Metzgergötzen über den Berg der Dreifaltigen Mutter gebracht haben, die da sagt:

„Da bin ich, die Mutter der Natur, Herrin aller Elemente, Keimzelle der Geschlechter, Geisterfürstin, Totenkönigin, Himmelsherrin, Inbegriff der Götter und Göttinnen. Des Firmamentes Lichtkuppel, des Meeres Heilbrise, der Unterwelt Jammerstille gehorchen meinem Wink; ein Wesen bin ich, doch in vielen Gestalten, wechselnden Bräuchen, mancherlei Namen betet mich der ganze Erdkreis an.“ Die Worte des Apuleius fallen mir ein. Noch einmal streife ich durch die Stauden beim Isis-Tempel, brocke eine Himbeere und noch eine, ehe ich mich zum Abstieg aufmache. Wird schon ein Mostwirtshaus am Weg ausg’steckt haben.

Wenn sie, die himmlische Mutter, wieder oben thront, so wie man ihre Statue gefunden und in der Kapelle des Schlosses Carlsberg aufgestellt hat, dann wird’s wohl ein Ende haben mit dem Kriegspielen und dem Grölen und die Leute werden sich wohl wieder an Sitte und an Brauch halten wie ehedem. Und wer dann vom Ulrichsberg aufs Land ringsum schaut, der wird wieder ahnen, was Heimat ist.

Isis, die alte Herrin des Ulrichsberges, nach Athanasius Kircher

Bild umseitig:
Bischof Egon Kapellari beim Vierbergelauf.

# BRETTLJAUSE

Ein Schneidbrettl, darauf aufgebahrt das, was sterblich ist an einem Facken, zur Bestattung zugerichtet. Den einen feisten Schinken haben die Bestattungsgehilfen in Pökelsalz gelegt und dann an Haken aufgehängt in der würzigen Heimatluft, auf daß er trockne. Den anderen Oberschenkel des verblichenen Schweines haben sie in den Wacholderrauch gehängt. Fein oder mittelfein gehackt ist das zarte Fleisch mit Spezereien und Salzen vermengt in hauchdünne Därme gepreßt worden. Den Lauf der Zeiten überdauern sollten die solcherart einbalsamierten Würste.

Über dem Katafalk des Facken schattet ein dichter, smaragdgrüner Baldachin: Das Laubwerk eines Nußbaums. In den vollen Krügeln strahlt der Most. Ich hebe den Blick. Wilde Juniwiesen und gegen Süden eine blaue Kuppe: der Ulrichsberg.

Eine schwarze Ameise läuft über das karierte Tischtuch stracks auf das Brettl zu. Kühnen Mutes erklimmt sie das steile Hindernis, begeistert vom funebren Duft der Spezereien. Da wird ihr schon des Lebens Fülle zuteil. Ihre winzigen Beißwerkzeuge graben sich in das schimmernde Muskelgewebe des verstorbenen Facken, Leben und Tod feiern Hochzeit im Verdauungstrakt der Ameise.

Eine zweite, ebenfalls schwarze Ameise wird am Tischrand sichtbar. Das Brettl zieht sie an. Sie rast herbei. Ohne zu zagen, klettert sie empor und betritt die Szene. Doch die Berge aus Fleisch, welche sich himmelan vor ihr auftürmen, die scheinen ihr nichts zu bedeuten. Argwöhnisch läßt sie die Fühler kreisen. Schon durchzuckt es sie. Sie hat die erste Ameise aufgespürt. Wütend entschlossen stolpert das Tier über die feingeschnittenen Wurstscheiben, überwindet den Steilhang eines Schinkenstückes, stürzt sich ohne Warnung auf ihren Artgenossen und beißt ihm ein Bein ab. Toll vor Schmerz läßt die erste Ameise vom Schinken und bohrt als Revanche ihre stilettartigen Zähne in den Unterleib des Angreifers. Ineinander verbissen wälzen sich die beiden Feinde auf der Oberfläche des

Schinkens. Hier fällt ein Beinchen ab, da ein zweites, verzweifelt rotiert ein abgebissener Fühlerstummel. Endlich sind da nur mehr je ein Rumpf, drei Beine und vier mörderische Greifzangen. Die beiden Helden haben einander um ihre Gesundheit gebracht. Noch sind sie beide Invalide. Aber nicht lange: Unter den verzweifelten Bissen der einen Ameise platzt der Hinterleib des Gegners auf, dessen Kräfte erlahmen. Bald hängt er reglos in den Kiefern des Überwinders.

Ameise eins oder Ameise zwei, im Schlachtgetümmel habe ich aus den Augen verloren, wer wer ist, wer obsiegt hat. Der Sieger verfügt noch über drei Beine, auf denen er ruckartig zur Kante des Brettls kriecht. Von hier aus läßt er sich aufs Tischtuch fallen. Es bereitet ihm namenlose Mühe, auf drei Beinen im Leinengewebe vorwärtszukommen.

Bloß die Richtung scheint die Ameise zu kennen. Sie humpelt, stolpert, kriecht dem Fluchtpunkt Ulrichsberg entgegen. Der Ulrichsberg ruft.

Unterwegs torkelt sie gegen eine Feitelschneide, an der kleben Butterreste. Aus der Butter kann sie sich nicht mehr befreien. Sie erstickt. In einem Zug trinke ich den Selbstgebrannten aus. Den Ameisen zu Ehren. Ich hatt' zwei Kameraden.

OBST
MOST

# NORDISCHE ALPTRÄUME

Wer im real existierenden Kärnten lebt, der kennt sie, die Schriften der Buam. Sie fallen einem in der Früh aus den Postkasteln entgegen, sie werden einem auf den Schreibtisch gelegt, keiner vermag ihnen zu entkommen. Es begab sich, daß ich über einer solchen heimattreuen Schrift einschlief. Im Traume las ich weiter und weiter und weiter, bis ich auf eine Sondermeldung stieß:

„Erwiesen: Der Kärntner ist nordisch."

Der Kärntner – eine urnordische Herrenrasse, Slowenisch die Urform des Altisländischen, das Kärntner Heimatlied urältestes grönländisches Ahnenerbe?

Nach jüngsten Entdeckungen auf dem heute von einem dicken Eispanzer bedeckten Berg Tråttnigheimen in Nordisland muß Kärntens Geschichte unter einem völlig neuen Blickwinkel betrachtet werden. Der Kärntner Heimatdienst, die Landsmannschaft und das Kärntner Heimatwerk haben sofort eine Expertenkommission nach Island entsandt. Deren Leiter, Odin Krokodilnig, spricht vom überwältigendsten Eindruck seines, der Kärntner Heimat gewidmeten, Lebens. Er konnte auf einem Runenstein den Namen seines Urahnen, des Weiß-Alben Mjölnir Krokodilnig, entziffern. Hier sein Erlebnisbericht:

„Im Blute raunte es uns von je: Urahnenerbe, nächtliche Gesichte von Schneefeldern, Gletschern, gebratenen Schneehühnern, von Drachenbooten auf großer Fahrt, haben seit Urvätertagen den grübelnden Kärntner heimgesucht. Wie oft ward ihm Unverstand zuteil, und seine besorgten Verwandten schickten ihn zum Psychiater. Nun aber ist es erwiesen: Der Kärntner, der vom Norden träumt, der auf die Stimme seines Blutes hört, der Kärntner, dessen nordisches Herz unterm schlichten braunen Rock pocht, er ist im Besitze der Wahrheit. Ich stand oben, auf Tråttnigheimen, jener jachen Klippe, welche von Raufarhöfn direkt am Polarkreis ins nördliche Eismeer abstürzt. Und als mich das Nordlicht umglühte, da sprach eine überirdische

Stimme zu mir: Es hat sich gelohnt, die lederzähe Arbeit im Kärntner Heimatdienst, das stundenlange Üben im Kreise der Sangesbrüder, der geistige Abwehrkampf gegen die Umvolkung: Da Karntna hot sei Daham gefunden. Neben mir Björn Balkanig, Professor für altisländische Linguistik, Prontoarchäologie und Erbteilforschung am Polarwissenschaftlichen Institut der Universität Reykjavik. Er ist Sproß einer altisländischen Weiß-Alben-Sippe. Gleich mir, wie ich bebend vor Ergriffenheit erfahren durfte.

Björn schenkt mir einen tiefen Blick aus seinen hellen Augen. Dann reicht er mir eine verwitterte Steintafel. Von kundiger Hand sind Runen eingeritzt. Die älteste Edda, sagt Björn, und seine rauhe, einfache Nordmannsstimme bebt seinerseits, als er anfängt, mit wachsender Erregung zu übersetzen:

Westwärts wuselt der wabernde Walfisch/

Ihm nach rudern rasend reisige Recken.

Jetzt rezitiert Björn auf Altisländisch. Und es fällt mir wie Schuppen von den Augen. Was heimatvergessene Asphaltwissenschaftler als Slowenisch bezeichnen, ist nichts anderes als die hehre Sprache der ältesten Edda, die Mutter des Isländischen, die Großmutter unseres liaben Karntnarischen.

Schweigend stapfen wir über Pölsterchen von isländischem Moos hinunter in Björns Holzhaus am Strande von Rifitangi. Hier hat er die reiche Ernte eines fanatisch dem nordischen Menschen gewidmeten Gelehrtenlebens aufbewahrt. Was ich zu sehen bekomme, treibt mir die Zachalan in die Augen.

Die älteste Edda, das Bardiet unseres Kärntner Stammes. In urtümlichen Stabreimen gibt sie Kunde von der Grönlandfahrt des Stammes der Karantaniks, der Urisländer. Ich fasse das Unfaßbare zusammen:

Nach Entbehrungen und Nöten, die wohl nur eine Heldensippe zu ertragen vermag, knirscht der Kiel des Drachenbootes in Grönlands Sund. Leif Tråttnig, der Kundige, springt an Land. Robben, überall Robben. Und dann ein Sang, vierstimmig, wundersam und ans kalte Kriegerherz greifend.

Wo Labrador an Grönland grenzt/

Des Eismeers Silberfläche glänzt...

Eine einsame Träne bahnt sich ihren Weg über Leif Tråttnigs sturmgegerbtes Gesicht.

Wo Lebertran vom Fürsten träuft/

Wo man mit Renmilch sich besäuft...

Leif Tråttnig tritt näher. Vier Eskimos sitzen, umringt von treuen Robben, rund um einen seltsamen Stein und singen.

Da hält Leif Tråttnig nicht länger an sich: Ein hastiges Pozdravljeni! jauchzt ihm aus der Kehle. Pozdravljen, Pozdravljen! jauchzen die vier Eskimos zur Antwort. Doch der Älteste bedeutet ihnen zu schweigen. Berührt von der Schicksalhaftigkeit des Augenblicks verstummen auch die Karantaniks, die mittlerweile ihrem Führer Leif Tråttnig gefolgt waren. Dann zieht der älteste Eskimo eine Hornflasche aus dem Lederwams. Ehrfurchtsvoll öffnet er den Verschluß und schüttet eine bernsteinfarbene Flüssigkeit über den Stein. Lebertran, stellt Leif Tråttnig am Geruche fest. Nun erhebt der Eskimo seine Stimme: ‚Die Götter haben uns vor Zeiten geweissagt, daß dereinst Recken im schlichten braunen Kleide anlegen werden. Ihr Führer wird Pozdravljen! rufen. Er ist der Heerkönig der Karantaniks, er soll auch euer Fürst sein. Einen Stein und eine Hornflasche Lebertran möget ihr aufbewahren bis zu diesem heilbringenden Tag. Setzet den Führer auf den Stein, salbet ihn und singt ihm das nordische Heimatlied...‘

Die Lektüre der ältesten Edda hat mein Gemüt aufgewühlt. Wie durch ein Wunder, aber es ist kein Wunder, verstehe ich die Urfassung Wort für Wort, als wäre es die Sprache, die mir lieb Mütterlein gesungen hat, am Krokodilnig-Hof, zur Wintersonnwend'. Mein Fluch gilt jenen gewissenlosen Halbgebildeten, welche die Sprache unseres Heldenliedes als Slowenisch bezeichnen.

Unser Heimatlied, von den Göttern, von Odin und Baldur, getreuen Eskimos und ebenso getreuen Robben gelehrt, auf daß das Ahnenerbe bewahrt werde, von Leif Tråttnig bis heute, bis zu den einfachen Männern im braunen Rock, den Götterlieblingen, den Hütern wahren Kärntnertums."

Björn bringt Dokument um Dokument herbei, verweist auf Fundstück um Fundstück: Die älteste Edda, die nach dem erschütternden Geschehen an Grönlands Strand nicht abbricht, sondern auch vom Südlandzug der Karantaniks zu berichten weiß, von der isländischen Landnahme in Kärnten und Krain, aber auch von der späteren Überfremdung, von der Nacht über den altisländischen Alben-Familien, von den Mannen im braunen Rock.

Später, als das Altisländische schon zum Windischen heruntergekommen war, tobte wohl oft das wilde Gjaid über die Heimatscholle und Wodan donnerte seinen Ruf: Dober dan! übers Land. Und die Hüter der Heimat grüßten ihn zurück: Dober večer! Nie erlosch die Glut.

Fassungslos stehe ich vor einer in Robbenhäute genähten Ritschert-Konserve, vor den Mitgliederlisten altisländischer Gesangsvereine, wo ich unter Hunderten Namen jenen meines Urahnen Mjölnir Krokodilnig entdecken darf. In einer Vitrine ein schimmernder Brocken. Björn raunt mir ins Ohr: „Ein Stück versteinerten Glundenen Käses. Die Wegzehrung Leif Tråttnigs."

Heil euch Kärntner, von Nordlands Strand jodle ich euch zu: „I håb mei Hamatle wiedagefunden..."

Es wird alle Schaffenskraft des geistigen Kärntens erfordern, um diese größte Entdeckung unserer Heimatgeschichte aufzuarbeiten.

Der Sondermeldung folgte ein weiterer Bericht:

„Wie wir soeben erfahren, hat der Kärntner Landtag in einer auf Verlangen des Kärntner Heimatdienstes einberufenen Sondersitzung einstimmig beschlossen, das Altisländische zur alleinigen Landessprache Kärntens zu erklären. Artfremde Elemente können sich allenfalls auf den § 7 des Staatsvertrages berufen. In der stürmisch verlaufenen Sitzung wurde ferner die neue Zeremonie zur Installierung des Kärntner Landeshauptmannes festgelegt. In Zukunft wird derselbe unmittelbar nach seiner Wahl zum Fürstenstein im Foyer des Landesmuseums geleitet, der zuvor mit Lebertran eingerieben worden ist. Der Landeshauptmann wird draufgesetzt und mit einem Eimer voll Lebertran übergossen. Dazu haben die Heil-Rufer, eine neuzuschaffende Beamtenklasse, dreimal Pozdravljen! zu schreien."

Zäh wie zerlassener Glundener Käse hält mich der Traum gefangen. Ich lese unter der Schlagzeile

Die Mannen im braunen Gewande.

weiter: „(Bericht von Reuter, AFP, ANSA, TANJUG, DPA, APA etc.) Die Entdeckung des Urtextes der ältesten Edda und die daraufhin von der Universität Reykjavik und vom Kärntner Heimatdienst behauptete Abstammung des Kärntners aus altisländischen Alben-Sippen hat zu einem erbitterten wissenschaftlichen Schlagabtausch zwischen den Universitäten N´Djamenah (République du Tchad), Reykjavik (Island), Ulan Bator (Mongolische Republik), Murska Sobota (Republik Slowenien) und Rabaul (Papua-Neuguinea) geführt.

Das Institut für Panafrikanistik an der Universität N´Djamenah erhebt Zweifel an der wissenschaftlichen Korrektheit der isländischen Historiker. Es sei längst erwiesen, daß der Proto- oder Urkärntner im Zuge der tschadischen Landnahme im Alpenraum erschienen ist, und zwar im Zuge der offensiven Kolonialpolitik des Königs Ngumbwe, der im ausgehenden fünften Jahrhundert ein bisher unbekanntes Kapitel der Völkerwanderung eingeleitet hat. Ngumbwe hatte sich für die ‚Aufsüdung‘ jener Alpengebiete ausgesprochen, deren Bevölkerung durch die Mischung mit eingedrungenen Isländern rassisch zu wünschen übrig ließ. Die blutmäßig gesund gebliebenen Elemente, so Rektor Valte Ukulele, seien planmäßig mit Trägern frischen tschadischen Erbgutes vermischt worden, woraus sich auch der kernige Charakter der Kärntner erkläre.

Dieser These widerspricht auf das heftigste der Rektor Magnifikus der Universität Ulan Bator: Bereits die Awaren hätten die Bevölkerung zunächst des Lavanttales, später aber ganz Kärntens, blutmäßig ‚aufgeostet‘, so daß dem Rechtsnachfolger der Awaren, also der Mongolischen Republik, eine Schutzmachtfunktion über Kärnten zukomme. Dieselbe werde man, so auch der Inhalt einer geharnischten Note des mongolischen Außenministers an seinen isländischen Amtskollegen, in Zukunft wahrzunehmen wissen.

Befremdet zeigen sich Historiker der Universität Murska Sobota und verweisen ihrerseits auf einen Sensationsfund. Der Oberkrainer Archäologe Danilo Fafner soll unter einem Weinkeller im Übermurgebiet die Gebeine der Nibelungen gefunden haben. Daneben habe man Lederhosen und die Reste von Baß-Tuben (Luren), sowie von bunten Regenschirmen entdeckt und etwas abseits die Überreste eines ausgestopften Drachens. Die slowenischen Historiker schließen daraus, daß es sich bei den Nibelungen um eine Oberkrainer Bojarensippe gehandelt hat, die gemeinsam mit Siegfried nach einer erfolgreichen Drachentötung in Klagenfurt zu einer offenbar zu intensiven Kellerpartie nach Luttenberg aufgebrochen war. Aus dem halbverrotteten Taschenkalender, den man bei einem der Skelette fand, gehe überdies zweifelsfrei hervor, daß das Ältest-Slowenische deckungsgleich mit dem fälschlich so benannten Althochdeutsch war. Erst durch die Vermischung mit dem Altisländischen habe sich zunächst die windische und in der Folge die heutige Umgangssprache entwickelt. Laibach fordert nun sofort den Unterricht in Althochdeutsch (Ältest-Slowenisch) in allen Kärntner Schulen, um das artfremde Altisländische zurückzudrängen. Der Partisanenverband spricht überdies von einer ‚unerträglichen großisländischen Provokation' und fordert seine Mitglieder auf, die Kinder vom Altisländisch-Unterricht abzumelden.

Man verstehe zwar überhaupt nicht, worum es gehe, lautet eine dringende Aussendung der Universität Rabaul (Papua-Neuguinea), aber das wissenschaftliche Selbstverständnis der papuanischen Historiker erfordere, daß man sich unverzüglich in den bereits weltweiten Gelehrtenstreit einmische. Jedenfalls spreche vieles für eine frühgeschichtliche ozeanische Besiedlung des betreffenden Raumes, sei es doch im papuanischen Kulturraum ein uralter Brauch, Grenzen grundsätzlich mit Blut zu schreiben."

Mühsam wache ich aus meinen Alpträumen auf. Im Halbschlaf gedenke ich eines Buam, der irgendwann einmal Schuldirektor in Kärnten war. Er setzte sich damals im Wirtshaus an meinen Tisch und erzählte mir mit bebender Stimme über die Bedrohung des nordischen Elementes in Kärnten. Der Mann trug einen schönen alten Kärntner Namen, nennen wir ihn Pogacnig. Mir war, eben von einer langen Reise angekommen, nicht nach Polemik zumute, was ich ihm auch freundlichst mitteilte. Pogacnik hörte nicht auf. Schließlich fragte ich ihn: „Entschuldigen Sie, lieber Direktor, ich möchte ihnen wirklich nicht nahetreten. Aber Sie heißen doch Pogacnik. Also nordisch klingt das nicht."

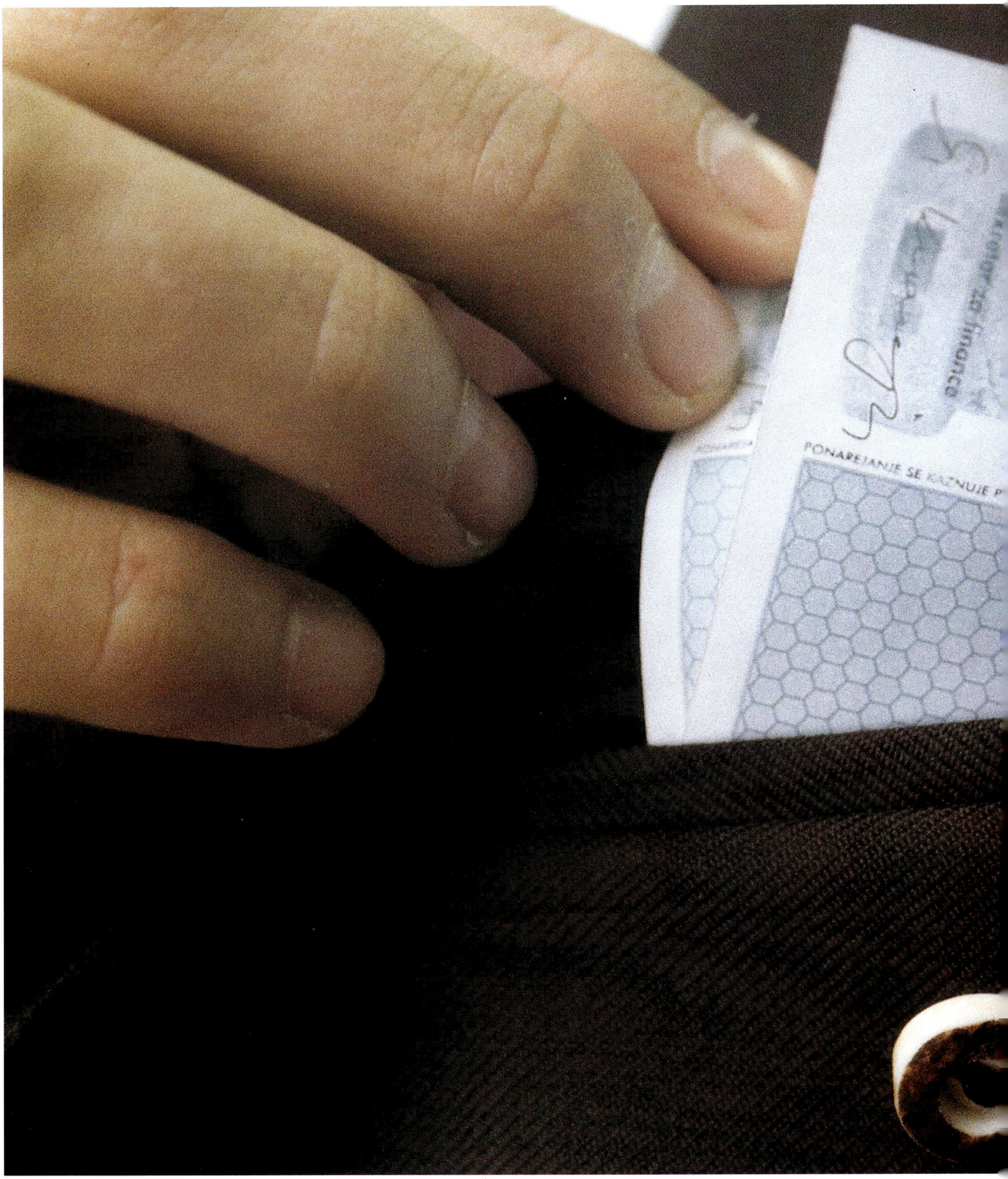


Darauf wird mein Gegenüber aschfahl und flüstert mir zu: „Sie haben recht. Mein Vater war Slowene. Deshalb fließt unreines Blut in meinen Adern. Ich muß also

Ein seltsam geformter Stein…

besonders treu zum Nordischen stehen, damit ich mich reinige.“ Ich habe ihm ein Viertel Wein bestellt. Was hätte ich ihm erwidern sollen?

# SAGENHAFTE KORREKTUR

Ja, so hören sie's gern, so schreiben sie es in die Fremdenverkehrsprospekte, sogar an die Decke des Foyers im Klagenfurter Stadttheater haben sie die Geschichte gemalt: Ein unheimlicher Drache hauste in den Sümpfen des Wörthersees und fraß den Leuten die Schafe und das Rindvieh weg. Und die Dirndln. „Wer es wagt, mit List oder Gewalt, sich des Ungetüms zu bemächtigen, dem sei der Turm und das ganze Land, soweit jetzt sein gefräßiger Zahn herrscht, zu eigen; er sei frei und wär' er auch ein Sklave", hat angeblich ein Herzog gesagt, und dann sind sie losgezogen. Einer hätte sich besonders hervorgetan, ein gewisser Herkules. Der soll mich erlegt haben, mit einer eisernen Keule. Überlegen Sie sich einmal: Mit einer eisernen Keule gegen einen Drachen. Ein artengeschütztes Lebewesen.

Dabei war ich hier daheim, als von Klagenfurt noch keine Rede war.

Ganz im Gegenteil, ein schöner Sumpf breitete sich ins Grenzenlose. Das war nicht unamüsant: Dort ein Frosch, da ein Fisch, Schilfwälder und zuweilen eine frühreife Kärntnerin, die sich hüllenlos in der warmen Suppe aalte. Spätere Generationen haben mir unterstellt, ich hätte die jungen Damen sozusagen gejausnet; ganz so, als ob ein soignierter Lindwurm ein Teenager-Mörder wäre, der mit gierigen Fangzähnen nach einem rosaroten Happen schnappt.

Es war aber ganz anders: Die Kleinen sind gekommen, weil sie das Gruseln lernen wollten, und ich habe halt, wie gewünscht und ganz Kavalier der ältesten Schule, böse Miene zum harmlosen Spiel gemacht. Ein bisserl Maulaufreißen, ein kleiner Feuerstoß, ein Rauchwölkchen, und schon kreischte das süße Ding vor Vergnügen, und wollte Blindekuh mit mir spielen. O.K., sagte ich, ließ mir ihren Büstenhalter um die Augen binden und mich ärgern, bis es ihr zu blöd wurde. Dann fing ich ihr einen Fisch und ließ ihn auf meiner Zunge grillen. Als Gegenleistung

pflegte man mir das Goderl zu kratzen. Und wenn es ums Jausnen ging, so jausneten wir in seliger Eintracht. Zweifellos war ich damals jünger als heutzutage, aber meinesgleichen ist bekanntlich nie so richtig jung: Wir sind beinah' so alt wie das Universum, unser erstes Bad haben wir in der Urflut genommen. Da ist der Wörthersee selbstredend ein begrenzter Ersatz, aber was soll's, die Zeiten sind eben so wie sie sind.

Aber um aufs Jausnen zurückzukommen: Überlebt hat's eine jede, Kralle aufs Herz, und daß mir eine böse geworden wäre, ist mir ebenfalls nicht erinnerlich.

Um die Mannsbilder rund um meinen See habe ich mich nie so recht geschert. Die fischten mir die fettesten Karpfen weg, schmissen mir Steine nach und kleideten sich in merkwürdige, sumpffarbene Tarnkostüme, um mich beim Jausnen stören zu können. Richtig gefährlich sind sie nie gewesen, aber wenn mir einer gar zu lästig wurde, konnte es schon passieren, daß der Feuerstoß aus meinem Rachen um einiges zu heiß ausfiel, der freundliche Schnapper um ein weniges zu aggressiv. Ich will das gar nicht bestreiten. Aber was soll's, die braunen Lumpen, in die er gehüllt war, die habe ich anschließend ohnehin wieder ausgespuckt. Sie mundeten mir nicht. Obendrein muß ich ihnen sagen, daß ich schon damals unter Magenbeschwerden litt, insbesondere der Genuß von braungefärbtem Loden war mir ärztlicherseits streng untersagt.

Was wollen die Leute eigentlich von mir? Einen Togger habe ich ihnen vom Hals geschafft und sein Gwandl zurückgegeben. Schön gebügelt, weil die lieben Kleinen haben mich nie im Stich gelassen. Die amüsanteste Geschichte habe ich mit einem kraushaarigen Buam erlebt, der mit einem geradezu witzigen Schnurrbart ausgestattet war. Seine Basedow-Augen vollendeten den Anblick, und als ich sah, daß er ein Keulchen hinter sich herschleppte, der Atem ging ihm fast aus vor Anstrengung, da mußte ich lachen. Ich verzog meine Lefzen und machte ganz diskret: „Zisch!"

Der Arme ließ in Panik seine Keule fallen und hielt sich beide Augen zu. „Zisch!" flüsterte ich. Es gibt Augenblicke, wo man sich aller Urbanität zum Trotz nicht in der Kralle hat. Flugs war er ohnmächtig und plumpste auf eine Sandbank.

Bild umseitig:
Hier bin ich in meinem Element.

Sogleich beschlich mich tiefe Reue. Hatte ich ihn zu sehr erschreckt? Vorsichtig schnappte ich nach seiner Keule und legte sie zur Seite. Einen Zahnstocher hatte ich mir immer schon gewünscht. Dann pfiff ich scharf durch die Zähne. Unter uns, das heißt in meiner Damenrunde, hatten wir so unsere geheimen Signale. Es dauerte keine fünf Karpfen-Gähner und eine übermütig kreischende Schar von Gymnasiastinnen strampelte prustend herbei.

„Es tut mir so leid", sagte ich, „aber er hatte eben keine Nerven." Mein Gott, ein Kärntner halt, ein vierstimmiges Lied und es haut ihn hin. Dabei hatte ich nur ganz leise gezischt: „Ich halte es für das Vernünftigste, wenn ihr euch mit ihm befaßt."

Daß ich mich daraufhin entfernte, versteht sich bei meiner Auffassung von Anstand und Herzenstakt von selbst. Ich bin kein Spielverderber und Voyeur bin ich erst recht keiner…

Was soll ich ihnen sagen, der junge Mann wurde gerettet und von seinen Retterinnen zur endgültigen Rekreation noch ein paar Tage lang behandelt. Ich machte mir dennoch Vorwürfe, hatte er doch einen peinlichen Auftritt zu gewärtigen. Wie mir die gewissenhaften Pflegerinnen zutrugen, hatte der Bua in einem Wirtshause versprochen, mir meine Haut abzuziehen, um die Dirndlan der Versuchung zum Baden und zum Blindekuh-Spielen zu entheben. Dann hatte man gesungen „Wo's Glantal an die Sattnitz grenzt" und ihm eine Tapferkeitsmedaille in Granit um den Hals gehängt. Also konnte der Togger ja gar nicht anders, als sich auf die Jagd auf mich zu machen, nachdem er nüchtern geworden war.

Was tun, fragte ich mich. Ihm meine Haut zum Geschenk zu machen, stand natürlich außer Frage, soweit geht eines Lindwurmes Altruismus nicht. Soweit wieder auch nicht. Das ist Instinkt, uralter, Pech für jeden, der damit kollidiert. Schließlich kam eine kleine Pflegerin auf eine Idee, welche bis heute in Kärnten Geschichte gemacht hat. Ihr war ein Gummikrokodil geschenkt worden, zum 16. Geburtstag vielleicht. Jedenfalls hielt sie das Geschenk für lachhaft, sie hatte ja, mit Verlaub zu sagen, mich, und da war die Lösung des Problems: Ich zerbiß das aufgeblasene Reptil. Sie zog mit der grünen Haut ab. „Er" brachte dieselbe ins Wirtshaus, des Nachts, als alle anderen sowieso bereits besoffen unter den Tischen lagen.

Jedenfalls glaubten sie seiner Flunkerei. Der Sache Ausgang geriet zum gegenseitigen Vorteil. Wir beide sind auf dem Neuen Platz verewigt und dienen dem heimischen Fremdenverkehr, der historischen Unstimmigkeit zum Trotz. Ich lebte fürderhin ungestört meinen Kavaliersstaten. Inzwischen gibt es Klagenfurt. Früher war's lustiger. Aber ein Lindwurm ist ein Stoiker. Und ein Epikureer. Was die Jausen anlangt, hat sich ohnehin nichts geändert. So, jetzt wissen Sie's. Habe die Ehre.

Ute Aschbacher:
Herkules mit Lindwurm.
Öl auf Leinen

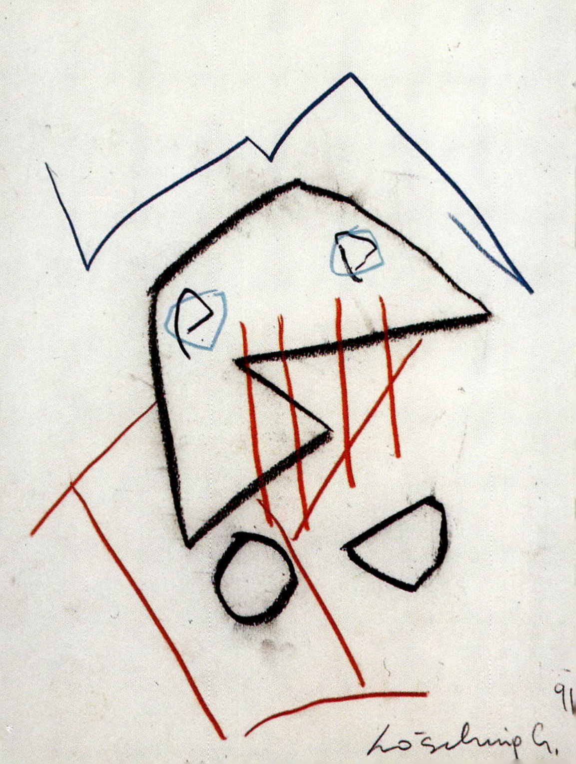
91

# CHINOISERIE FÜR GERIT LÖSCHNIG

Gibt es Kärnten? Millionen Augenpaare haben Abermilliarden Fragmente einer Landschaft, einer schönen Landschaft, wahrgenommen, Milliarden Nervenenden haben die Wirbel der Wassermoleküle in den klaren Seen registriert, Millionen Gehörgänge, Trommelfelle haben die Frequenzen der Kärntner Lieder empfangen. Wie sollte da, bei dieser Fülle an Indizien, ein Maler, der in Kärnten geboren ist, nicht mit Recht annehmen dürfen, daß es Kärnten gibt? Und daß er also ein Kärntner Maler ist …

Gerit Löschnig ist eine der ganz wenigen, die mit der schockierenden Erkenntnis leben müssen, daß wir alle eigentlich nichts in der Hand haben. Die Chinesen, bei denen sie sich längere Zeit aufhielt, haben solche Indizienbeweise, an denen des Abendländers Herz und Verstand hängt, nie ernst genommen. Anstatt sich damit abzuquälen, die strömende Realität in Behauptungen einfangen zu wollen, gaben sie sich mit der Tatsache zufrieden, daß die Dinge eben im Fluß sind.

Gerit Löschnig ist in Kärnten geboren, sie hat in Kärnten einen Landeskulturpreis erhalten, aber ist sie darum eine Kärntner Malerin geworden? Die Chinesen, bei denen Gerit Löschnig sehen und daher malen gelernt hat, sind den diversen aus Orten, Zeiten und Gewißheiten gewebten Illusionen, mögen sie sich nun Kärnten nennen oder Welt, immer mit höflicher Reserve gegenübergestanden. Sie hielten es mit der Natur, und diese ist im Fluß und daher undefinierbar.

Der Natur entsprechend zu malen heißt nicht etwa die Natur abzumalen, sondern sich der Strömung ausliefern: dem Augenblick, jedem Augenblick, mit Ehrerbietung gegenübertreten. Er ist in der Strömung und damit das Ganze.

Da ist ein weißes Blatt. Die Linie, die sich darauf abzeichnet, der Farbtupfer, sind das einen Augenblick lang sichtbare Resultat einer unendlichen Verkettung von Umständen und Zufällen, von Ewigkeit her, wie man sich im Abendland ausdrücken würde. In der Linie, dem Farbtupfer, dem Holz des Stiftes, der da zeichnet, in den Sehnen der Finger, die den Stift halten, in den Augen, die alles beobachten, im weißen Blatt ist die ganze Strömung vollständig enthalten.

Zwischen den Abermilliarden Vorausbedingungen, die bewirkt haben, daß die Linie in dieser oder jener Krümmung über das Blatt schießt, daß der Pinsel hier und jetzt auf das weiße Papier tupft, und den sommerlichen Kumuluswolken ist kein Unterschied: Dort bildet sich das Ganze in einem Farbfleck ab, hier explodiert es in der Kalligraphie eines Blitzes.

Gibt es Kärnten? Es gibt Abermilliarden Fragmente einer Landschaft, Abermilliarden Tonfrequenzen, die Blätter, auf denen Gerit Löschnig malt, bestehen aus Milliarden Molekülen, ebenso wie ihre Feder, ihr Pinsel, ihre Finger. In jedem Partikel ist alles restlos enthalten. Warum sollte es Kärnten nicht geben? Warum sollte Gerit Löschnig keine Kärntner Malerin sein?

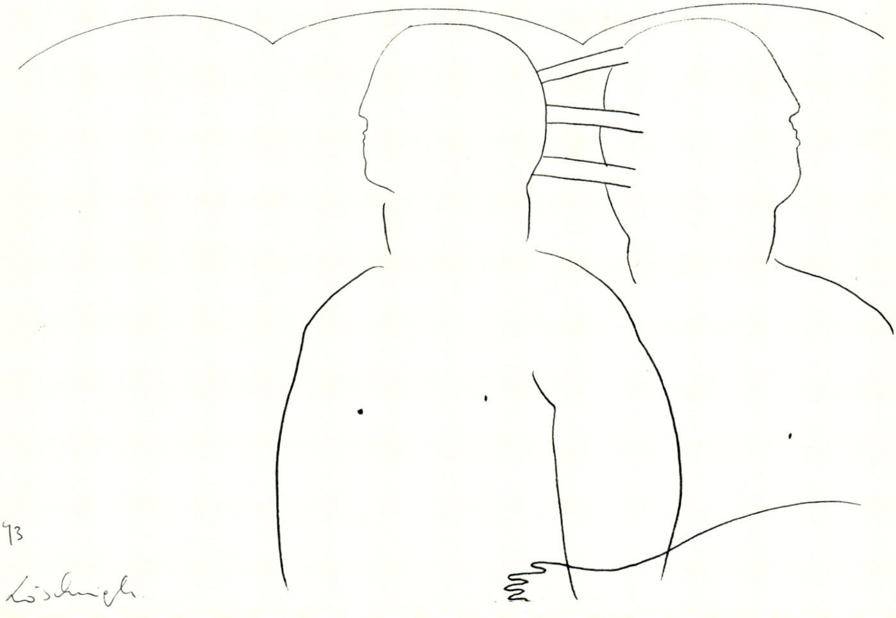

# EIN SAGENKREIS
# UM GUSTAV MAHLER

Ein graues Haus am Nordufer des Wörthersees. Im Zimmer war es dämmrig, der Regen trommelte an die Fensterscheiben. Eine alte Dame saß da und flüsterte ihre Geschichte, so als hätte sie Angst, ein Unberufener möchte sie belauschen. Sie erzählte und erzählte. Über ihre Haft im Konzentrationslager Auschwitz. Dorthin war sie, die Bauerntochter aus Oberkärnten, gelangt. Eine beiläufig hingesagte Wahrheit über die Bestialität des Regimes hatte genügt. Und in Auschwitz war sie auf geheimnisvolle Weise im Banne Kärntens geblieben. Die braunen Henkersknechte hatten aus musikalischen Häftlingen ein Orchester zusammengestellt. Es mag eines der besten Orchester des Abendlandes gewesen sein, das unter den Schloten der Verbrennungsöfen Mozart spielte, ehe die Musiker, einer nach dem anderen, gleichfalls ins Luftgrab gebettet wurden.

Unter den Virtuosen befand sich Alma Rosé, die Nichte Gustav Mahlers. Die alte Dame hatte sie kennengelernt. Mit den letzten Kantilenen, die Alma Rosé im Angesicht der Schlächter auf ihrer Geige spielte, schloß sich ein Kärntner Sagenkreis.

Er beginnt am See, am dunklen Wörthersee, den die Touristiker für eine riesige Badewanne halten.

„Ein armer Hirtenknabe weidete sein Vieh in der Nähe des ‚Schwarzen Felsens‘ auf der saftigen Wiese. Sooft ihm die Zeit lang wurde, ging er zum Wasser und schaute hinunter, wo der Grund steil in die schwarzblaue Tiefe hinabführt. Wenn er oft stundenlang so dasaß und das Wasser ans Ufer plätscherte, glaubte er manchmal ein dumpfes Läuten aus dem Wassergrund zu vernehmen. Eines Nachmittags saß er wieder an der gewohnten Stelle und blickte den Wolken nach, deren Widerschein auf dem klaren Wasserspiegel schwamm. Plötzlich war das Wasser durchsichtig wie Glas und er erblickte auf seinem Grund ein stattliches Gebäude. Das war drei Stockwerke hoch…“

Der Schwarze Felsen ist heute schwer zu finden. Der Weg zu ihm geht übers Wasser.

Am Klagenfurter Lendkanal ist den Sommer über eine Bootsvermietung eingerichtet. Hier beginnt die Überfuhr. Zunächst zieht das Elektroboot lautlos unter alten Bäumen hinaus, eine Wasserschlange weicht aus, schlängelt sich der Bordwand entlang, Enten tauchen nach allerhand Gewürm. Ein Biotop für Amphibien, Nixen, Undinen und Nöcke, moosgrün, steingrün, kühl. Es zieht einem den Blick nach unten, zu den Wohnungen der Wassergeister.

Am Lorettospitz, wo der Kanal aus dem Blättertunnel in die spiegelglatte Weite des Sees mündet, muß man die Augen schließen. Hast du dich an das überhelle Licht gewöhnt, zittern die Bäume und Häuser links am Ufer wie Luftspiegelungen. Unmerklich kommt das Boot näher. Seerosen treiben im Schatten. Da ragen sie auf: Die Schwarzen Felsen. Und gleich nach einem grünen Kap, hart am Ufer, das dreistöckige Haus.

Gustav Mahler hat es bauen lassen. Er war mit seiner Schwester Justine auf der Durchreise an die Stelle gekommen, wo die Schwarzen Felsen in den See abstürzen, wo die Seerosen im grünen Wasser treiben. Auf der Stelle beschloß der k. k. Hofoperndirektor, die Ferienmonate hier zu verbringen. Er erwarb das Grundstück und bald spiegelte sich das dreistöckige Haus in der Flut. Oberhalb der Villa, im Hochwald, ließ er sich ein Komponierhäuschen hinstellen. Gustav Mahler war der süßen Magie des Waldgestades erlegen.

Eine verwunschene Stätte für sich und seine Frau Alma. Tagebucheintragungen von Alma Mahler:

„Ich war den ganzen Vormittag allein, bis Gustav aus seinem Arbeitshaus heruntergekommen ist, noch so voll und glücklich von seiner Arbeit. Da konnte ich mich nicht halten, und wieder kamen die Tränen, vor Neid.

Er wurde furchtbar ernst. Er zweifelt nun an meiner Liebe… Und wie oft habe ich selbst daran gezweifelt… Jetzt vergehe ich vor Liebe – und im nächsten Augenblick empfinde ich nichts!

Meine Träume im Fieber:

Ich warte auf Gustav.

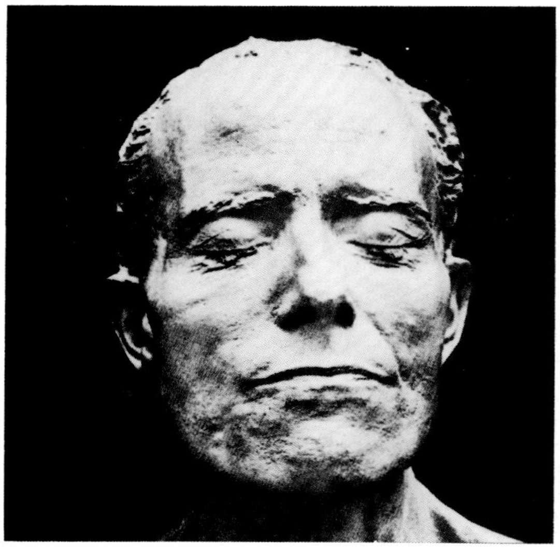

Totenmaske Gustav Mahlers

Ich sehe eine endlos lange Flucht von Zimmern. Da – auf einmal geht die letzte Tür hinten auf, er kommt mit seinem weißen Gesicht, mit den schwarzen fliegenden Haaren, seinen schwarzen Augen, seinem langen schwarzen Schlafrock.

Ich sehe ihn alle Türen öffnen – und durch sie hindurch – durch die langen Zimmer gehen und immer, wenn er die Tür aufmacht, sehe ich ihn noch bei der vorhergehenden – dieselbe Drehung machen.

Wie sein Doppelgänger…

Er kommt näher…

Angst! Aufwachen!"

Später:

„Ich habe den ganzen Tag gearbeitet. Für Gustav kopiert, Kinder gehütet, Klavier gespielt… Am Abend bin ich endlich etwas zur Ruhe gekommen. Ich ging im Finstern am See entlang und hatte Sehnsucht nach Gustav."

Sommerliche Ferienidylle in Maiernigg. Gustav Mahler schuf hier, bei den Schwarzen Felsen, über den Seerosen, den Großteil seines Werkes. Er wußte nicht, an welcher Stelle er sein Haus errichtet hatte.

„Dort, wo sich aus den Fluten des Wörthersees wild verstreute Felsstücke emportürmen, stand einst ein mächtiger Felsen, dessen steile Wände in den See abfielen. Er war durch seine schwarze Färbung gekennzeichnet und wurde von Menschenfuß fast nie betreten, denn alte Sagen woben sich um den Felsen, der die Gestalt einer Nixe gehabt haben soll. Riesige Seerosen wuchsen am Grund des Sees, doch keine Menschenhand hatte noch eine gepflückt. Ein fürchterlicher Strudel, der sich in der Nähe befand, war daran schuld, daß es noch niemand gewagt hatte, eine Rose zu pflücken…"

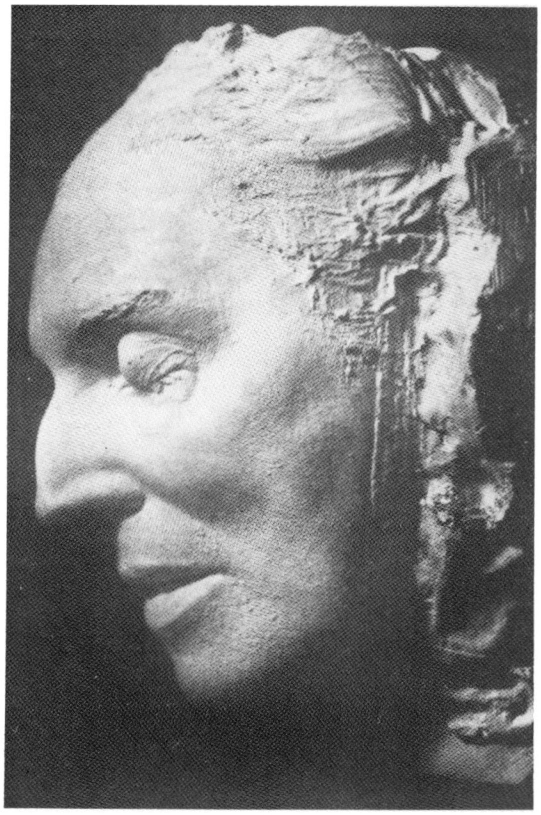

Totenmaske Alban Bergs, abgenommen von Anna Mahler

Da gerieten Gustav Mahler die „Kindertotenlieder" von Friedrich Rückert in die Hände. Die fassungslose Trauer dieser Verse nahm ihn gefangen.

Tagebucheintragung von Alma Mahler:

„Friedrich Rückert weinte die Kindertotenlieder vor sich hin, als er vom Leichenbegängnis seiner von einer

Epidemie dahingerafften Kinder in sein einsames Haus zurückkehrte. Gustav Mahler wurde davon so ergriffen, daß er sie 1901 wie im Traume sang... Im Sommer 1902 vollendete er die 5. Symphonie und ließ die Kindertotenlieder liegen. Wir waren verheiratet und hatten ein Kind, das Mahler vergötterte. Drei Jahre später komponierte er die beiden letzten Lieder...

Mir war diese Arbeit bei Lebzeiten der Kinder sehr unheimlich geworden. Die beiden wunderbar begabten Kinder jubelten im Garten, und ich fühlte ein Grauen, daß er imstande war, ihren Tod zu singen."

Oben im Komponierhäuschen liegt einem der Riegel am Fenster noch so in der Hand, wie er Gustav Mahler in der Hand gelegen ist: Eine Drehung nach rechts, im Uhrzeigersinn, die Flügel tun sich auf und Waldluft erfüllt das Geviert des Raumes: Moosdüfte, Geruch nach Pilzen und feuchtem Laub, der Atem der Nadelhölzer. Waldgeräusche berühren das Trommelfell: Das Wehklagen der Amsel, die Warnung des Hähers, darüber, als Orgelpunkt, das Sausen und Brausen in den Wipfeln.

Alma Maria Rosé

Im Juli 1907 hat Gustav Mahler zum letzten Mal diese Fensterflügel verriegelt, den Klavierdeckel geschlossen. Eine Drehung im Schloß und dann ist er den steilen Waldweg geradewegs zur Villa hinuntergelaufen. Dort richteten sie die Leiche seiner Tochter Maria zum Begräbnis her.

Tagebucheintragung von Alma Mahler:

„Im Juli 1907 befanden wir uns in unserem Sommerheim in Maiernigg am Wörthersee... weit weg von Ärzten und Hilfe – als unser Töchterchen Maria an Scharlach und Diphtherie erkrankte. Unter primitivsten Umständen wurde ein Kehlkopfschnitt vorgenommen, aber nach vierzehn Tagen schwersten Leidens starb das Kind.

... Gustav Mahlers Herzleiden wurde zu dieser Zeit zum ersten Mal konstatiert. Und er war ein vom Tode Gezeichneter, als wir im Herbst das erste Mal nach Amerika fuhren."

Die Schwarze Wand ist ein gefährliches Idyll. Einst wagte sich ein Jäger aus dem Lesachtal in ihren Bereich. Er wollte seiner Geliebten eine Seerose pflücken: „Mit Schauder erblickte er jetzt die steile Wand, deren Färbung

etwas Bedrohliches an sich hatte. Fast wollte er umkehren, da sah er eine Spalte, durch die er zu den Seerosen zu gelangen glaubte. Mit der größten Vorsicht begann er sein Werk, währenddessen ihm die Blütenkelche der Seerosen wie Todeskerzen entgegenleuchteten..."

Gustav Mahler hat den dunklen See nie wieder besucht, aus dem es sich angekündet hat, in den gramzerfressenen Gesängen der Kindertotenlieder, die ihm aus den Fluten heraufröhnten wie die Glockenschläge über einer verwunschenen Stadt.

Alma Mahler heiratete einige Jahre nach Mahlers Tod den Architekten Walter Gropius. Sie zeugten ein Wesen, das eine Elfe war, und nannten es Manon.

Bald hört das junge Mädchen die Glockenschläge aus der Tiefe. Es verschlägt sie an den Wörthersee. In Auen bei Velden hat sich der Komponist Alban Berg ein Sommerhaus eingerichtet. Hier verbringt er die Ferien mit seiner Frau Helene, die eine Tochter des Kaisers Franz Joseph gewesen sein soll. Alban Berg nannte sie „Pferscherl". Alban und Helene Berg waren mit Gustav Mahler befreundet gewesen und blieben mit Alma und später mit ihrer Tochter Manon Gropius eng verbunden. Alban Berg ist von der Erscheinung der Manon Gropius überwältigt und zugleich seltsam angerührt, als ahnte er den Schatten, der über ihr aufstieg. Ein paar Monate und eine schleichende Krankheit zieht das ätherische Geschöpf in ihren Strudel. Als sie stirbt, will Alban Berg ihre Seele hinüberbegleiten. Ihr zum Requiem schreibt er sein Violinkonzert „Dem Andenken eines Engels gewidmet". Das unirdische Werk schließt mit dem einen Zitat aus dem Choral „Oh Ewigkeit, oh Donnerwort".

Das Violinkonzert ist vollendet. Alban Berg geht durch seinen Garten am Wörthersee. Eine Biene sticht ihn. Nichts Ernstes. Nur eine winzige Wunde. Doch dann wird eine Sepsis daraus. Der Engel nimmt seinen Begleiter mit. Die Bildhauerin Anna Mahler, Gustav Mahlers zweite Tochter, nimmt ihm die Totenmaske ab.

Wie eine hauchdünne azurne Schale hängt der Sommer über dem Wörthersee, während das Boot die Mündung des Lendkanales ansteuert. Dahinter der grenzenlos dunkel strahlende Raum.

Die alte Dame erzählt von Alma Rosé, der Tochter von Justine Mahler, die gemeinsam mit ihrem Bruder den Schwarzen Felsen gefunden hatte. Nach dem Tode Alma Rosés habe sie deren Geige an sich genommen und versteckt. Nach der Befreiung des Konzentrationslagers marschierte sie mit der Geige über Deutschlands Straßen nach Süden, der Heimat zu. Irgendwo auf dem Wege ist die Geige in Verlust geraten.

# DER VERUNTREUTE ABWEHRKAMPF

Der Kärntner ist treu. Sagen die kastanienfarbenen Getreuen, wenn sie ihre Treue bekennen. Wenn das Eiserne Kreuz an die Nahkampfspange bimmelt, wenn alle die Hacken zusammenschlagen, wenn die Spielzeugkanone „patsch!" sagt, wenn es Oktober wird im Lande Kärnten. Ein Idyll, wie vom leibhaftigen Lobisser in Holz geschnitten.

Der Kärntner ist treu. Aber wo ist die Treue hingekommen? Da sagen sie nichts, die Getreuen, weil sie's eh' wissen. Die Treue, die haben die Buam verscharrt, wie sie einst die Jungfrau von Weitensfeld lebendig ins Grab geschmissen und dann die Erde über ihrem Opfer festgestampft haben. Zwei Meter tief unter der Oberfläche des Landes liegt die Treue und harrt ihrer Auferstehung. Zwei Meter tief unter der Oberfläche Kärntens, wo die Buam das Sagen zu haben wähnen, erstreckt sich das Kärnten des zweiten Abwehrkampfes. Nur zwei Meter tief ist die Kruste, auf der in Kärnten im Takt mit den Füßen gestampft wird. Darunter ist der Oktoberhimmel zart wie der Schleier einer saligen Frau.

Switbert Lobisser, Fresko im Sitzungssaal des Landhauses

Was macht den 10. Oktober zum österreichischen Feiertag? Doch die Tatsache, daß sich eine Mehrheit von Landsleuten beider Landessprachen für die übernationale Tradition Kärnten entschieden und dem geschichtlich gewachsenen Land den Vorzug vor einer „nationalen" Grenzziehung gegeben hat.

Dem zweiten Abwehrkampf hat niemand einen Feiertag widmen wollen. Obgleich er erbitterter und blutiger verlaufen ist, als der erste. Der zweite Abwehrkampf dauerte von 1938 bis 1945 und verteidigte die 1920 bewahrte übernationale Tradition Kärntens gegen die Unflat des Nationalsozialismus. Vor 50 Jahren wurde der zweite Abwehrkampf zugunsten Kärntens entschieden.

Kein Gedenkstein in dem mit Gedenksteinen gepflasterten Land erinnert daran. Niemals hat es einen Auftrieb maikäferfarbener Recken gegeben, um den Kärntner Patrioten des zweiten Abwehrkampfes Ehre zu erweisen. Niemals haben sie ihre Spielzeugkanone „patsch!“ sagen lassen. Die Maikäferfarbenen haben das Gesetz des Schweigens verordnet. Weil die Maikäferfarbenen den Schutt des ersten Abwehrkampfes benutzten, um das Gedenken an den zweiten zu verscharren. Um die Treue zu begraben. Wir setzen zwei Steine:

Gedenkstein I

Karl Krumpl. Nein, er kommt in keiner Kärntner Heimatkunde vor, da haben die Buam in den Maikäferröcken schon Sorge getragen. Dabei hat Karl Krumpl es blutig ernst genommen mit seinem Kärnten. Er war ein Sankt Veiter, und der Kampf fürs ungeteilte Kärnten war für ihn eine Herzenssache. Für die Nationalsozialisten erübrigte Karl Krumpl einen einzigen Satz: „Man muß in den Dreck hineintreten, dann spritzt er weg!“

Der gelernte Drucker war zum Datum des 12. März 1938 Landesgeschäftsführer der Vaterländischen Front. Er verblieb in seinem Büro, als bereits der Badenweiler Marsch aus den Radioapparaten hupte. In der Nacht haben ihn die Buam geholt. Vier Monate Kerker und anschließend „Gauverweis“.

Kaum entlassen, stürzt sich Karl Krumpl in den Kampf. Zur Wehrmacht eingezogen, erfüllt er seine patriotische Pflicht gegenüber Kärnten und Österreich durch fortgesetztes Konspirieren gegen den Okkupanten. Aufgrund abgefangener Briefe eindeutigen Inhalts an den Bruder des späteren Salzburger Erzbischofs Rohracher wird er am 19. März des Jahres 1943 in Tunis verhaftet und nach Wien geflogen. „Volksgerichtshof“, Prozeß 1944 vor einem geifernden Roland Freihsler. „Kärntens Gauleiter Rainer war in allem die treibende Kraft“, sagt Karl Krumpls Witwe. Karl Krumpl war einer der letzten am Schafott. Die Exekution am Wiener Landesgericht erfolgte am 22. März 1945.

Karl Krumpl ist nicht allein gewesen. Lange noch, ehe von Partisanen die Rede sein konnte, leisteten Kärntner Patrioten Widerstand gegen die Gang des Braunauers. Sie retteten damit die Ehre des Landes und damit auch seine territoriale Integrität. Politisch wache Katholiken, wie der Kanonikus Granig oder der Pfarrer Anton Kutej, die Gebrüder Lexer oder die Bürgerfamilie Jörgl, Sozialdemo-

Fallbeil im Wiener Landesgericht: Wo Kärntens Patrioten starben.

kraten, wie der spätere Landeshauptmann Wedenig, Kommunisten, wie Josef Nischelwitzer, bevölkern das moralische, das begrabene Kärnten.

Das, was die Buam auch heute noch, wenn's hamlich wird am Abend des 20. April, als „Mustergau" bezeichnen, verhielt sich anständiger, als dies die „Grenzlandjahrbücher" oder die politischen Obszönitäten des Holzschneiders Switbert Lobisser vermuten ließen. Kärnten, das Land der dreifaltigen Isis, der heiligen Hemma, der Erzherzogin Maria Anna war ein heiliges Land. Seine Söhne und Töchter setzten sich zur Wehr.

Gedenkstein II

Markus Zelnig. Im Ersten Weltkrieg diente er im Infanterieregiment Nr. 2, Kaiserjäger. Er war Träger der Silbernen Tapferkeitsmedaille. Das Kaiserbild bleibt auch nach dem Jahr 1918 an seinem Platz an der Stubenwand in Ettendorf. Daß er sich im ersten Abwehrkampf engagierte, entsprach nicht „nationaler" Gesinnung, sondern österreichischem Selbstverständnis. Den Versuchen der Buam, den Frontoffizier zum Komplizen der Nationalsozialisten zu machen, begegnete er mit Verachtung. Als er es unternimmt, mit britischen Emissären in Verbindung zu treten, um so zu einem von Tito unabhängigen Freiheitskampf für Kärnten beizutragen, gerät er gemeinsam mit seiner Tochter in einen Hinterhalt. Am 12. Jänner erleiden Vater und Tochter im Grazer Landesgericht den Tod für Kärnten. Als der Sohn Zelnigs aus sowjetischer Kriegsgefangenschaft heimkehrt, findet er die Naderer und Zeugen der Anklage gegen Vater und Tochter in ausgepolsterten Positionen wieder. Die Buam sorgen für ihre Brut.

Seit 50 Jahren stampfen die Buam bei ihren Aufmärschen im Maikäfergewand die Erde über dem begrabenen Kärnten fest. Ihre Treue ist die Komplizenschaft. Wer küßt sie wach, die lebendig begrabene Treue zu Kärnten, 75 Jahre nach dem 10. Oktober 1920?

# WO MAN MIT BLUT DIE GRENZE SCHRIEB

Wo man mit Blut die Grenze schrieb, dort befindet sich, auf Kärntner Seite noch, ein Zollhaus.

Einige Schritte weiter, bereits jenseits der mit Blut geschriebenen Grenze, hat man einen Duty-free-Shop eingerichtet: Zigaretten, Alkoholika, Parfums. Sodann ein weiteres Zollhaus, mit Jausenstation. Hier kann der Kärntner, nach Überschreitung der mit Blut geschriebenen Grenze einkehren. Fährt er weiter, wird er bald eines Dorfes ansichtig. Mitten drin die spätgotische Kirche mit dem obligaten barocken Zwiebelturm. An einer Hausfassade ist der Verputz nach über 75 Jahren aufgeplatzt. Da schnäbelt ein Haupt jenes Vogels, der eigentlich zwei Häupter besitzt, in die Landluft. Die Mannsbilder hüllen sich zu folkloristischen Anlässen in Samtgilets mit dareingestickten Blumerln. Zwölf kugelige Silberknöpfe schmücken den Bauch. Die Frauen haben Dirndln an, und tragen metallene Gürtel um die Hüften. Männer und Frauen lieben Regenschirme. Wenn die „Oberkrainer" aufspielen, fangen sie zum Paschen an.

Wo man mit Blut die Grenze schrieb, dort konnte man während der letzten 2000 Jahre allen möglichen Zeugnissen menschlicher Bemühung begegnen. Hier ein Landwirtshaus, vom Türken umraschelt, dort ein römisches Postamt, zuweilen auch ein Misthaufen, eine keltische Brauerei, eine k. k. Tabaktrafik.

Wo man mit Blut die Grenze schrieb, dort sitzen die 420 Toten des Abwehrkampfes, deren Blut es war, das man zum Schreiben verwendet hat, gesellig beisammen. Auf einer Wolke vielleicht. Schon wieder hat einer ihr Andenken beschworen. Keine Ruh' ist in dem Land. Zu Lebzeiten sind sie Kärntner, Krainer oder Südsteirer gewesen. Als sie noch Kinder waren, da konnte ihnen nicht einmal die Großmutter, die ihnen, je nachdem, die schönen deutschen oder slowenischen Vokabeln beibrachte, erklären, was das sei, eine Grenze. Grenze? Das mußte irgendwo jenseits des Märchenlandes liegen, wo die österreichischen Soldaten den Fez zur Montur trugen.

1918
Kärntner Freiheitskampf
1919

Das Terrain, wo man mit Blut die Grenze schrieb, ist ein zivilisiertes Land. Es eignet sich zum Mostpressen, zum Brotbacken, zum Schnapsbrennen und zum Tarockieren. Zum Herumpantschen im Blute des Nachbarn eignet es sich nicht. So hatten sie es gehalten, die alten Kärntner, die Krainer und die Südsteirer. Geheiratet haben sie untereinander und geredet, wie ihnen der Schnabel gewachsen war. Deutsch, Slowenisch oder alles durcheinander, je nachdem. Auf die Idee, einen Pinsel in das eigene Blut, oder in das Blut eines anderen zu tauchen, um damit eine Grenze zu schreiben, wären sie nicht gekommen.

Solange, bis sie ihnen die Buam und die Dirndln verdorben haben. Bis die Jungen den Dealern aufsaßen. Denn die Generation, die anno 1914 in Europa einrückend gemacht worden ist, war drogenabhängig. Nein, nicht Marihuana oder Kokain benebelten ihren Verstand. Diese Generation erlag der härtesten Droge, die je ein skrupelloser Händler ausgespuckt hat, der Droge Nation.

Ein Süchtiger krümmte am Veitstag seinen Zeigefinger um den Revolverhahn in Sarajewo, Giftler hingen aus den Zügen und plärrten vom Siegen und vom Sieg-Frieden.

Die Droge Nation zeitigt ihre Wirkung nicht schleichend, wie etwa das Mohnzuzerl, nein, sie verblödet ihr Opfer schlagartig. Sie ist auch nicht in den Aborten schummriger Discos vertrieben worden. Die Dealer saßen auf den Kathedern der Volks- und Bürgerschulen, hatten Lehrstühle an Universitäten inne, waren Funktionäre „nationaler" Schulvereine, Turner oder Sokoln, mit einem Worte Respektspersonen.

Einmal von der Droge Nation abhängig geworden, ist der Süchtige Spielball seiner Halluzinationen. Die Kärntner, Krainer und Steirer sollen gar vom Škupnjak heimgesucht worden sein…

Der Škupnjak hat die Gestalt eines brennenden Besens, der durch den Himmel fliegt. Wo er sich niederläßt, geschieht Unheil. „Eines Nachts bemerkten singende Burschen einen brennenden Busch, der sich auf das Sicher-Haus in Gonowetz niederließ. Neugierig gingen sie, hörten ein klägliches Kinderwimmern. Da das jämmerliche Weinen nicht aufhören wollte, klopften sie an die Tür und

Bild umseitig: Abwehrkämpfer…

riefen die Bäuerin. Als sich niemand meldete, drangen die Burschen ins Haus ein. Es war höchste Zeit. Drinnen lag eine junge Mutter. Ihr träumte, sie verjage eine schwarze Katze, und da diese nicht fort wollte, stieß sie sie mit Füßen. In Wirklichkeit aber trat sie ihr kleines Kind… “

Wer vom Škupnjak verwirrt worden ist, der verfällt der Angst vor unbegrenzten Räumen, Zwangsvorstellungen leiten seine Handlungen. Zuletzt hält er das eigene Kind für einen Fremden, die Mutter für eine Tschuschin, sich selbst für unreinen Blutes. Vom Zwang besessen, Grenzen zu ziehen, wird ihm die schönste Gegend erst geheuer, wenn er eine Grenze durchgezogen hat, wenn sie zum „Grenzland“ heruntergekommen ist.

Zentraleuropa, der geographische Raum einer futuristischen Lebensform, wurde von haltlosen Süchtigen in Grenzländer zerhackt.

Da sitzen sie nun, unsere 420 Heldentoten, dort wo man mit Blut die Grenze schrieb. Jetzt tschentschen sie durcheinander, was zu tun sei, 75 Jahre nach den schau-

Von Türken umraschelt…

rigen Schreibversuchen. Jeder Haderlump von einem Stammtischpolitiker glaubt sich berechtigt, sie aus ihrer wohlverdienten, wenn auch selbst verschuldeten, Grabesruh' zu scheuchen.

Sie haben keine Ruh', weder auf den Karawankengraten, wo man mit Blut die Grenze schrieb, noch auch dort, wo die anderen die Grenze hätten schreiben wollen, in Mittelkärnten, selbstverständlich ebenfalls mit Blut.

Nach der radikalen Entwöhnung durch das gewaltsame Ableben sind die 420 Heldentoten wieder so gute Kärntner, Krainer und Steirer, wie es ihre Alten waren. Sie haben Kummer: „Das Blut g'hörert aufg'wischt!" sagt einer, der anläßlich des nationalen Veitstanzes eins drübergekriegt hat, mit dem Karabinerkolben.

„Solang der süßliche G'stanken im Land hängt, finden wir keine Ruh'", erwidert ein anderer, dem man das Bajonett im Gedärm umgedreht hat.

„75 Jahr ist das Ganze her, und da wollen sie einen Blutbrunnen aufstellen, statt daß sie die alten Flecken aufwischen täten", seufzt ein dritter, der bei der Draubrücke ersoffen ist: „Aufmarschieren und ihr Volkstum anbeten, das können sie alle, Gedenksteine aufrichten und vierstimmig singen, dazu reichts gerad' noch – jedem treuen Deutschen sein Abwehrkämpfermal, jedem treuen Slowenen sein Partisanenlied zur Jausen. Aber die Stub'n sauberhalten, da sind sie sich zu gut. Die Nation im Hirn und der Saustall in der Stub'n."

Die 420 Heldentoten kommen zum Beschluß: Am 10. Oktober 1995 werden sie nicht aufmarschieren. Sie werden auch nicht dagegen aufmarschieren, daß aufmarschiert wird.

Heimlich werden sie zu den heiligen Orten ziehen, nach Globasnitz, auf den Ulrichsberg und nach Gurk. Dorthin, wo alle Toten wallfahrten gehen. Dort werden sie dann alle beieinand sein, unsere 420 Heldentoten, die von der SS gekillten Sadovnikkinder, die von Tito massakrierten Slowenen und Gottscheer mit ihren Kirchenfahnen, die Kärntner Widerstandskämpfer gegen die braune Pest, denen man den Kopf abgeschlagen hat, die namenlosen Toten vom Hornwald mit den Löchern im Genick und den eingedroschenen Schädeln, die Kosakenfamilien von der

Dobrova und alle zur Ehre irgendeiner Nation gemetzelten Zentraleuropäer.

Dann werden sie die lange Litanei anstimmen. Den heiligen Domitian werden sie um eine Fuder Wasser aus dem Millstätter See bitten, und die Zeltschacherin, daß sie ihre Weiber mit Kübeln und Reibfetzen schickt, wohl auch selbst mit Hand anlegt. Weil's eine Schand' ist, an einem schönen Oktobertag alte Blutflecken aufzufrischen, daß zum Schluß irgendeiner drin ausrutscht und sich noch was bricht.

Und die Schutzgeister Kärntens werden ein Einsehen haben.

Wo man mit Blut die Grenze schrieb, werden am Vorabend des 10. Oktober 1995 die Weiber der heiligen Hemma mit ihren Reibfetzen und Kübeln in Aktion treten, weil ihnen selber graust, vor'm gestockten Blut.

Den Heldentoten die ewige Ruh', requiescant in pace, unter Millionen Toten in der Kärntner Erd' und luceat eis lux aeterna, wenn sie dann einmal ausgeschlafen haben.

Den Lebenden aber eine sauber aufgewischte Stub'n, wo sie reden können, wie ihnen der Schnabel gewachsen ist.

# NUDELSUPPE MIT SAFRAN

Die grünen Birnen lümmeln unterm Blätterdach ihrer Pubertät entgegen. Über dem grünen Berghang, der das Gesichtsfeld gen Süden begrenzt, bauscht sich barockes Gewölk. Der Wirt hat den Tisch unter den Birnbaum in den Schatten geschoben. Jetzt trägt er ein Tablett heran mit metallenen Suppenschalen, die gibt es anderswo nicht mehr. Wie er die Suppe in die Steingutteller schüttet, glänzt die Flüssigkeit wie Bernstein, Engelshaaren gleich rutschen die Nudeln nach. Goldene Augen blicken aus dem Rund aus Steingut. Nirgendwo kochen sie noch solche Rindsuppen. Ich habe den Wirt darauf aufmerksam gemacht und dieser gibt allsogleich eine Erklärung: „Wir haben fünfzehn Kilo Fleisch gesotten, für die Bestattung heut' nachmittag. Im Saal ist gerichtet. Und die Frau hat Safran in die Suppe getan. Es ist eine Plage, den Safran zu sammeln. Jeden Tag und in der größten Hitze, es wächst immer nach." Ja richtig, wir haben durch den Saal müssen, als wir in den Gastgarten herausgingen. Die Jalousien waren heruntergelassen, wegen der herrschenden Hitze, an die zweihundert Gedecke warteten auf die Esser. Hochzeit, hatten wir geschlossen, oder Leich'. Das gastronomische Postludium ist dasselbe. Nach der safrangelben Suppe trägt der Wirt das ausgelöste Kotelett auf, es ist mit reichlich Kümmel versehen. Die Strankalan im gemischten Salat kommen von den Bohnenstangen hinter uns. Selbstgebrannt ist der Schnaps.

Es wächst die Stille des hohen Mittags. Drei, vier Insekten begehren noch gegen ihre Majestät auf. Sie herrscht im Garten, sie gebietet über den weißen Dorfplatz, über den wir hinausgehen, gebietet diesseits und jenseits der weißen Kirchhofmauern. Sie thront im goldenen Schein auf dem spitzigen Kirchturm und wacht über die Beerdigten, die in den beiden Landessprachen schweigen. Östlich der weißgekalkten Kirchenapsis ist ein frisches Grab gestochen, einer Bugwelle des Schiffes gleich, das im Begriffe ist, nach der hohen Mitternacht in See zu stechen, haben sie die Erde aufgeworfen. Über den meisterlich gebauten Schacht hat der Totengräber Schaufel und

Krampen gekreuzt. Zwei Stricke hängen von den genau gezogenen Kanten in die Tiefe, wie die Taue, an denen vor der großen Fahrt in die Häfen die Schiffe vertäut sind. Man kann die Augen nicht wenden von diesem Quai.

Zuletzt kommen zwei in weißen Hemden, die schwarzen Jacken haben sie wegen der Hitze abgelegt, und schauen nach, ob wohl alles seine Richtigkeit hat. Auf wen das frische Grab hier wartet? „Das ist für den Herrn Benétik. Aber an der Kirchentür ist eh der Partezettel angeschlagen.“ Die Auskunft erweist sich als zutreffend. In den zwei Landessprachen steht alles geschrieben und unter den Nachkommen, für welche die gelbe Suppe gerichtet ist, steht der Name Rudi Benétik vermerkt. Ja, sagt der Wirt, den ich nach Verlassen des Friedhofes noch einmal frage, das stimmt schon. Der Maler ist der Sohn des Verstorbenen.

Zufällig bin ich an dem brütenden Sommermittag nach Globasnitz, in die Heimat des Rudi Benétik, geraten. Eine Heimat, wie sie heutzutage nur wenige ihr Eigen nennen: Eine weiße Kirche, ein weißer Karner daneben

Rudi Benétik: Die anderen Weinberge

und eine weiße Mauer um den Friedhof. Ein Wirtshaus gegenüber, wo die Wirtin Safran in die Rindsuppe streut und fünfzehn Kilo Fleisch für eine Bestattung kocht. Ein frischer Urwald wächst die Hänge im Süden und im Westen den Hemmaberg empor. Unter der Erde schlummert die Römerstadt Juenna. Drei Säulen ragen vor dem rosa gefärbelten Gemeindehaus in die Höhe. Inmitten der Heimat ein wohlgebautes Grab. Quaimauern, welche die Ewigkeit umschließen.

Von hier aus ist Rudi Benétik hinausgefahren.

Als ich ihn vor langer Zeit kennenlernte, war er noch nicht weit gekommen. Er lag in dem Rosentaler Dorf Suetschach vor Anker. Dort saß er in der alten Volksschule, die man umgebaut hatte, um Räumlichkeiten für verschiedene regionale Kulturveranstaltungen zu gewinnen, und trug gewissenhaft tiefblaue Farbschichten auf eine kleine Holztafel auf: Blau in allen Abstufungen, Schichten des

Rudi Benétik: Schlafende Steine

Meeres, vom hellen Azur rund um ein Atoll, bis zum Purpurviolett des Marianengrabens.

Rudi Benétik malte damals blau, sprach so gut wie nichts und ging der Kärntner Kulturszene mit ehrfurchtgebietender Konsequenz aus dem Weg. Später kamen seine Briefe: Jeder Buchstabe auf dem Kuvert in einer anderen Farbe ausgemalt und mit einem Sanskritsiegel gestempelt. In den Kuverts steckten Botschaften des Reisenden, aus Ägypten, aus Indien, Fotos und Einladungen zu Ausstellungen.

Selten genug geschieht es, daß Rudi Benétik bei der Türe hereinkommt und ein Packerl Räucherstäbchen mitbringt. Über seine Arbeit sagt er noch immer nichts, höchstens, daß er als Dokumentation derselben ein Foto auf den Tisch legt.

Nachdem er in die Ozeane des Blau gestochen war, landete er an den Gestaden der Sagenwelt. Dort sind die alten Farben aufbewahrt und die alten Formen. Gebranntes Siena wie ein Zirkus um ein violettes Oval gebaut, orangefarbene Kugeln in ultramarinblauen Himmelsmeeren, die heiße Vitalität des untergegangenen Atlantis. Zeichen aus Zivilisationen ohne Namen, ins grelle Sonnenlicht gebracht. Kein Schatten, keine Schattierung, bloß rote und ockerfarbene und safrangelbe Formationen und blaue und grüne Ozeane und Sphären. Dazwischen die staubigen Hütten der Fellachen, die aus Lehm gefügten Behausungen des Punjab und indigoblaue Pyramiden. Insgesamt Logbuch und Fundstücke einer Fahrt zu dem Kontinent, wo die Sonne die Nacht verbringt.

An der Kirchentüre von Globasnitz lehnen zwei barocke Traglaternen und dazwischen ein Tragkreuz mit einem schwarzweißen Flor aus Spitzen. Die Wirtsleute schauen aus dem Fenster über den Platz, um festzustellen, wann sie die safrangelbe Nudelsuppe für die zweihundert Trauergäste auf den Herd stellen sollen.

Einmal rund um die weiße Kirche, einmal um die Welt, in deren Mitte sich ein saugendes Grab befindet: Heimat, die alle Lockung des Orients in sich enthält und alle Rätsel des Okzident, die Frömmigkeit der Antike und die Gaumenlust Österreichs. In die dunkelblaue Himmelskuppel hinauf bauscht sich der Cumulus wie der Schleier der Göttin.

# OBELISKEN

Der Weg ist leicht zu verfehlen. In einer schattigen Kurve zwischen Grafenstein und Mieger tarnt sich die Abzweigung im dichten Wald. Eine schmale Straße. Kehre um Kehre im hellen Grün der Laubbäume, im Smaragdgrün der Fichten. Noch eine Abzweigung, ein steiler Forstweg. Dann das Einschichthaus. Hinter dem Haus ein jäher Abhang hinunter ins Rosental, die Drau fließt träge. Dahinter Vorberge, dicht bewaldete Schluchten und bis zum Himmel hochgezogen die kristallene Wand der Karawanken. Nur wenige wissen um den Blick, der sich hinter Karl Brandstätters Haus eröffnet.

Ein gastliches Haus. Die Schinken Friauls duften den Freunden entgegen und Parmesan. Wein vom Collio harrt in den Flaschen. Das Haus eines Kärntners, der weggegangen ist und doch Kärnten nie verlassen hat. Er hat die alten Geister in Paris wiedergefunden. Dort hat er jahrelang gewohnt.

Eines Tages ist der Maler Karl Brandstätter über die Place de la Concorde gegangen. Er hat nicht an die Kunstgeschichte gedacht und nicht an die Mäander, welche sie im Fließen zeichnet, wie die Seine, die sich von Paris nicht trennen will. Und auch seine Rolle in der Kunstgeschichte hat er nicht bedacht. Er war Aug' und Ohr. Eine riesige Lanzenspitze ist in diesen lichtüberschwemmten Platz gerammt, hält ihn und die ganze Stadt im Lot: Der Obelisk von Luxor. Oben die Sonne, unten der kochende Erdkern. Dazwischen der Blitz aus poliertem Granit. Eine Erdachse, um in Parallelwelten einzusteigen. Dieselben liegen unter der Oberfläche des lichtesten Platzes der Welt. Eine Handbreit hinter den Schächten der Metro. Dort, wo die Fundamente des Obelisken von Luxor in den Untergrund reichen, dort befindet sich der Mittelpunkt jenes Paris, das Karl Brandstätter entdecken sollte.

Was fand dieser Kärntner Maler im Bauche von Paris?

KARL
BRANDSTÄTTER

Er gewahrte das heilige Schiff, das Palladium, die Barke der Isis. „Fluctuat nec mergitur“, es treibt dahin, aber es geht nicht unter, ist die Devise der Stadt Paris. Er fand eine Tradition, von welcher die Kulturgeschichte der Oberwelt nicht viel weiß. Er ist dem General Bonaparte begegnet, wie er unter wippenden Straußenfedern am Zweispitz nach Ägypten zog, im Troß die verschwitzte Gelehrtenwelt Frankreichs. Sie sollten die Baupläne der Pyramiden zeichnen, die Hieroglyphen entziffern, der alten Welt ihre Schätze entreißen. Was sie aus der Wüste zurückbrachten, war kein Schatz, den man veräußern konnte: Eine ganze wissenschaftliche Bibliothek und die Grundlagen für die Entzifferung der Schrift der Pharaonen. Und eine uralte Zivilisation, die lebendig begraben war unterm Wüstensand und die sich jetzt den zweitausendjährigen Schlaf aus den Augen rieb.

Die auferweckte Göttin Ägypten raubte den französischen Romantikern den kartesianischen Verstand. Charles Nodier fing an, Geister zu sehen, Gérard de Nerval reiste an den Nil, verbrachte eine Nacht auf der Cheopspyramide, verlor sich in den betörenden Geschichten der Fellachen, kehrte trunkenen Sinnes und verstörten Geistes nach Paris zurück, Gustave Moreau verzichtete auf den heiteren Glanz der französischen Malerei und malte Visionen. Eine ganze Generation war der holden Verführerin anheimgefallen, eine zweite, dritte folgte. Noch heute beherbergt Paris Schwärmer, denen der aufgehende Mond über dem Diadem der Isis mehr bedeutet als die Zuckungen des Zeitgeistes.

In diesem unterirdischen Paris hat Karl Brandstätter Kärnten gefunden. Hier hat er eingesehen, daß es um die Sonne geht, um den Mond und um das kochende Magma. Um das Dreieck, das die dreifaltige Göttin bezeichnet. Ohne Unterlaß malt er ihre Attribute und ihre Formen, aus denen die ganze sichtbare Welt besteht. Ob er ein Avantgardist ist oder nicht, ob er geschätzt wird, oder nicht, hat aufgehört, ihn zu bekümmern. Was er im Bauche von Paris vorfand, ist unteilbare Heimat, unteilbares Ägypten, unteilbares Kärnten, unteilbarer Kosmos, unteilbarer Uterus.

„In der Ortschaft Mieger, drei Wegstunden östlich von Klagenfurt, kann man von den saligen Frauen hören: Dies waren schöne, schlankgewachsene Mädchen mit wallendem goldenen Haar. Sie wohnten unfern der Drau

Bild umseitig:
Gastgeber der alten Ägypter

auf den Bergen. Allabendlich, wenn der grüne Wald vom Purpurschein der untergehenden Sonne überflutet war, verließen sie ihre Höhlen und wandelten schäkernd und singend zum Fluß. In seinen Wellen, auf denen die zauberische Dämmerung geheimnisvolle Schatten malte, wuschen sie ihre Linnen, die bleicher waren, als die glänzenden Schneefelder der Karawanken."

An den Wänden seines Ateliers hoch über Mieger schreiten Ägyptens Göttinnen und Götter, denen Karl Brandstätter in Paris begegnet war, die er in Kärnten mittels Säure, Kupfer und Stichel beschwört hat. Sie waren Herrschaften in diesem Land. Isis hatte ihr Haus auf dem Ulrichsberg, Amon seinen Tempel auf der Hollenburg. Einen Augenblick lang nehmen sie die Gastfreundschaft an, die ihnen hier angetragen wird...

# KÜRBISKOPF

Der Künstler Heinz Peter Maya hat die Whisky-Flasche, Ballantines, aus dem Regal geholt. Er schenkt ein, die Flasche stellt er zwischen uns. Hinter ihm, an der Wand seines Ateliers, ist ein verdorrter Baum kopfüber nach unten aufgehängt, flehentlich strecken sich seine Wurzeln zur Decke. Das Atelier ist eine der Wunderkammern, die in der aufgelassenen Schule von Sankt Martin in Villach eingerichtet sind. In dem Gebäude verzehrte sich der Maler Hans Bischoffshausen auf seiner ekstatischen Suche nach der reinen Leere. Ein Stockwerk höher werkt Cornelius Kolig in seinem Alchimistenlabor inmitten von Gerätschaften, die an scharfe Lust und schmerzverliebte Frömmigkeit gemahnen. Heinz Peter Maya hat einen tiefen Schluck genommen. Er erzählt von seinen wüsten Streichen als Lausbub im Villach der Nachkriegszeit:

„In dieser Landschaft habe ich riechen, schmekken, hören und sehen gelernt. Der alte Park in Villach steht ganz deutlich vor meinen Augen. Eigentlich war er ein aufgelassener Friedhof. Ein gutbürgerlicher Friedhof, mit lauter noblen Grabstätten. Es gab dort diverse Grüfte und Grabsteine, dazu mächtige Trauerweiden und Gebüsche, in denen wir uns verstecken konnten. Fürs Indianerspielen ein ideales Gelände. Eines Tages kam ein Bagger einer Baufirma dahergefahren und hat angefangen zu graben, in dem schönen Park, wo ich riechen, schmecken, hören und sehen gelernt habe. Auf einmal zieht die Baggerschaufel einen Metallsarg aus dem Boden. Der Deckel klappt auf und heraus stürzt das Knochengerüst eines Mädchens mit dicken, schwarzen Zöpfen. Nach ein paar Stunden war alles umgegraben. Berge von Schädeln und Gebeinen hatten sich aufgetürmt. Die Arbeiter waren hinzugetreten und rissen die Goldzähne aus den Schädeln, zogen Ringe von Fingerknochen. Neun Jahre war ich alt, als ich das alles beobachtet habe.“

Wieder war ein Gespräch in Kärnten auf den einen Punkt gekommen. Man vermeint, beim Whisky über Lebendiges zu reden, über die Streiche eines Lausbuben.

Und nach ein paar Sätzen steht man, ohne daß man wüßte, wie man hingekommen ist, vor einem Grab. Es gibt keine Kärntner Geschichten, wo der Tod nicht seine Runde zieht, wo die Teadin nicht das letzte Wort hätte.

Heinz Peter Maya fährt fort: „Man hat auf dem Gelände später eine Schule und einen Kindergarten errichtet, Friedensschule heißt der Komplex. Jahrzehnte vergehen. Und jetzt bekomme ich den Auftrag, für diese Schule ein Werk zu schaffen. Ich habe eine fünfzehn Meter hohe DNS-Spirale über drei Stockwerke hochgezogen. Ein Baustein des Lebens.“

Zwischen den Fenstern liegt im Sonnenschein ein wächsernes Gebilde, aus der Entfernung ist nicht auszunehmen, worum es sich handelt. Ich schaue genauer. Ja, doch, ohne Zweifel, ein deformierter, merkwürdig in die Länge gezogener Totenkopf. Als ich nähertrete, entpuppt sich das Ding als Kürbis mit hineingeschnittenen Augenhöhlen, einer dreieckigen Nasenhöhle und einer durchhängenden Kinnlade. Der Kürbis ist eingetrocknet. Heinz Peter Maya ist herbeigekommen. Von irgendwoher hat er eine schwarze Perücke mit dicken schwarzen Zöpfen geholt. Er nimmt den Kürbisschädel vom Fensterbrett und setzt ihm die Perücke auf: „So hat sie ausgeschaut“, sagt er und hält mir das wachsgelbe Gesichterl unter die Nase.

Eigentlich wollte ich ein Interview über Heinz Peter Mayas Verhältnis zu Kärnten machen, über das Zusammenleben der beiden Volksgruppen und den 10. Oktober 1995.

Während ich dem Kürbisschädel tief in die Augen schaue, beginnt er zum Gegenstand des Interviews zu reden: „In uns allen ist doch diese slawische Schwermütigkeit vorhanden, das Kokettieren mit dem Tod. Das ist ja gerade das Faszinierende an diesem Land, das dringt aus jedem Kärntner Lied, aus jedem Gedicht, das hier geschrieben wird. Daß Gruppen wie der Heimatdienst nicht sensibel genug sind, um draufzukommen, wie eng wir alle verwandt sind, kann ich nicht begreifen. Aber jetzt muß ich noch erzählen, wie wir damals im Winter auf Eisschollen die Drau hinuntergefahren sind, wie wir Mondraketen gebastelt haben. Mit den Totengräbern habe ich übrigens immer eine gute Beziehung gehabt, die haben mir gezeigt…“

Überall die Schädel…

Sie hatte dichte schwarze Zöpfe

# TIGERFELL

Wie kommt die Göttin Kali in die Innerfragant? Die Sage ist eine von vielen, wäre da nicht das Tigerfell:

„Beim ‚Schwager' in der Innerfragant machten die Kinder einmal am Vormittag des Dreikönigstages einen gewaltigen Lärm. Da ist die wilde Perchtel gekommen als grausliches Weib mit einem Tigermantel und ohne Kopf. Hätten die Kinder nicht rasch ein andächtiges Gebet gesprochen, so hätte die Perchtel sie mitgenommen."

Wie kommt ein Kärntner in die Stadt der Göttin mit dem Tigerfell, nach Calcutta?

Dort, wo es mich im August 1988 hinverschlagen hat, finden keine Vernissagen statt: Eine Stätte, von denen draußen gemieden, wie ein verrufener Ort. „Offene Abteilung der Psychiatrie des Landeskrankenhauses Klagenfurt" stand auf dem Türschild über dem Eingang. Es regnete schon seit Tagen. Ich schließe den Regenschirm und trete ein. Der diensthabenden Schwester sage ich, daß ich den Maler Franz Sem sprechen möchte. Es heißt warten. Dann kommt Franz Sem den langen Gang entlang, schleppend und auf eine Krücke gestützt. Wir ziehen uns in sein Dreibettzimmer zurück. Soviel Raum braucht ein Künstler, um seinen Visionen nachzuhängen, ein junger Mann, dessen reiselustige Seele hier nur zu Gast verweilt.

Franz Sems Antlitz hat die Züge seines letzten Selbstporträts angenommen. Es ist gezeichnet von aberwitzigen Expeditionen ins Unbewußte. Ein heiliger Schmerzensmann, wie Dostojewskis Idiot. Wieviele Biographien erlebte dieser zerschlagene Mensch?

Die eine beginnt 1946 in Eisenkappel. Der Vater ist Schneider und siedelt sich mit seiner Familie in Sittersdorf an. Nach der Grundschule erwirbt sich Franz Sem an der Bundesfachschule für Holz-, Stein- und Metallverarbeitung seine intime Beziehung zum Material. Dann reißen an der Akademie für Bildende Kunst in Wien neue Horizonte auf. Fritz Wotruba ist sein Lehrer, er verweist den Unruhigen auf den in Parallelwelten angelegten Kosmos Robert Musils. Die ersten Schritte in Richtung Esoterik sind getan. Da gerät er auch schon in den Bannkreis der Anthroposophie Rudolf Steiners. Das Dornacher Goetheanum wird seine eigentliche Hochschule. Die von Rudolf Steiner postulierten magischen Gesetzmäßigkeiten der verschiedenen Kunstgattungen verfehlen nicht ihre Wirkung auf Sems Arbeit.

Alles in allem ein weltoffener und weitgereister Maler und Bildhauer, der im Begriffe ist, seinen Weg zu machen. Bis zu jenem furchtbaren Sprung aus den Arkaden in den Hof des Hauses am Alten Platz.

Es muß eine andere Biographie geben, die weder durch Lebensläufe, noch durch ärztliche Anamnese erhellbar ist.

Stockend, vor jedem Wort um letzte Genauigkeit ringend, spricht Franz Sem über jene verborgene Dimension seines Lebens: Ein Elternhaus, zu den heiligen Zeiten kräftig durchräuchert. Man sprach daheim slowenisch. Oft ist er als Kind krank. Am Abend werfen des Vaters Kleiderpuppen gespenstische Schatten an die Wände. Zwischen Fieberanfällen wächst dem Buben das zweite Gesicht. Von nun an ist er einem Übermaß der ungerufen hereinströmenden Bilder ausgeliefert. Schon früh ahnt er: Wer mit den Urbildern nicht fertig wird, dem brechen sie die Knochen.

Franz Sem: Selbstporträt

Später, als er Fritz Wotrubas Atelier verläßt, glaubt er den direkten Anruf Rudolf Steiners zu vernehmen.

Er reißt Hals über Kopf nach Dornach aus, glaubt zeitweilige Beruhigung in dem für manche heilkräftigen Fluidum der anthroposophischen Lebensführung zu finden.

Streckenweise trennt sich die seelische Biographie Franz Sems von seinem bürgerlichen Lebenswandel. In Schweden, als er ein Jahr in Uppsala zubringt, verlaufen beide noch parallel. Franz Sem steht tatsächlich vor den sagenumwobenen Hünengräbern, während ein Film von Erscheinungen vor seinem geistigen Auge flimmert. Doch bald läßt er los und schickt seine Seele auf Reisen, wohin es sie eben zieht.

Franz Sem hat sich in sein Bett gekauert und zeigt mir seine Tagebücher, mit großen Schriftzügen vollgeschriebene Schulhefte. Namen kommen darin vor, von denen sein waches Bewußtsein nichts wissen konnte. Gestalten, von denen der ihm unbekannte französische Romantiker Gérard de Nerval berichtet, Begriffe aus der Kabbala. Jetzt erzählt er von seiner Indienfahrt, vom reinigenden Klang der Sitar. Er habe in Calcutta gelebt, ja in der Stadt der Göttin Kali. Ja, er sei dort verheiratet gewesen, mit einer Inderin. Ja, ein Kind hätten sie gehabt. Ja, es sei gestorben. Genau schildert er die Vorstadtstraße, wo sein Haus gestanden sei, die Bushaltestelle. Die Übergänge zwischen den Ebenen der Wirklichkeit sind leicht für ihn geworden.

Einmal hatte er sie für so leicht passierbar gehalten, daß er seinen Körper nachfolgen lassen wollte. Er konnte doch fliegen, besaß doch ein Paar Flügel. Ein Schritt aus dem Fenster. Der Körper ist abgestürzt. Mit zerschmetterten Gliedern lag Franz Sem auf dem steinernen Pflaster. Seither ist er hier. Er wird ermuntert zu zeichnen und zu malen. Manchmal darf er ausgehen. Wenn er im Bett sitzt, greift er in die Saiten einer imaginären Sitar.

Es vergingen Monate, da kam er in das Klagenfurter Künstlerlokal „Zur roten Lasche". Er setzte sich an unseren Tisch und begann zu zeichnen. Dabei berichtete er, daß er nun bald eine Wohnung haben würde. Gleich gegenüber.

Zwei Tage später eine Notiz in der Zeitung: Der Maler Franz Sem ist tot. Er war mit seinem Galeristen ins Rosental gefahren, ins Vaterhaus. Man war bei der Jause. Da ist Franz Sem aufgestanden und aus dem Raum gegangen. Als er nicht zurückkam, hat man nachgeschaut. Er hatte sein Halstuch an einer Türschnalle befestigt, eine Schlinge gemacht und sich hineinfallen lassen.

„Beim Kometter in der Fragant kam die Perchtel des Nachts und holte einen Menschen aus dem Hause. Des Morgens fand man ihn tot wieder; zwischen seinen Zehen und Fingern fand man Blumen, die kein Mensch kannte. Da ist er wohl mit der Perchtel in fremden, weiten Ländern gewesen."

# SCHNEELAND

Ein Geräusch. Feines Schaben an einem Stück Metall. Von weither das Tosen des Görtschitzbaches. Im Dämmerlicht des Februarnachmittages die Gestalt eines Mönches in seiner dunkelroten Robe. In den Fingern seiner linken Hand hält er einen Kegel aus Messing. Die Rechte des Mönches führt ein Messerchen, mit welchem er den nach unten geneigten Kegel schabt, ihn in feinste Schwingungen versetzt. Aus der Öffnung der gekappten Spitze rinnt Sand auf eine Holzplatte. Der Mönch zeichnet das Herz eines Mandalas. Ohne hinzusehen, ohne Schablone, schreibt er die heilige Silbe OM in scharfem Kardinalrot. Dann legt er den Messingzylinder zur Seite, greift nach einem anderen, der mit grünem Sand gefüllt ist und läßt denselben zwischen die Linien der roten Schrift rieseln. Der Mönch wird drei, vier Tage lang Linie um Linie aus farbigem Sand ziehen, er wird den Kosmos zeichnen, mit allen seinen bitteren Erscheinungen und bunten Illusionen, mit seinen fühlenden Wesen, so wie die Welt, einem überdeutlichen Traume gleich, aus dem unnennbaren Mittelpunkt aufsteigt, um alsbald wieder zu verschwinden. Wenn der Mönch sein Werk vollendet hat, wird man es eine Zeitlang aufbewahren. Schließlich aber wird es mit einer einzigen, ausladenden Handbewegung wieder durcheinandergemischt, der lichten Leere zurückerstattet, aus der alle Erscheinungen kommen, um über kurz oder lang wieder heimzufallen.

Tibetische Tanzmaske

Ohne müde zu werden, schabt der Mönch an seinem Messingzylinder. Er bekommt keinen Krampf, er zittert nicht, es unterläuft ihm keine unbedachte Geste. Ab und zu sagt er ein paar Worte, erzählt von seinem Kloster in Ladakh. Von dort, vom Dach der Welt, hat ihn sein geistliches Oberhaupt, der Drikung Tschetsang Rinpotsche nach Hüttenberg entsandt. Er soll hier, im Heinrich Harrer Museum, ein Sandmandala herstellen. Der Rinpotsche war drei Jahre alt gewesen, als man in dem Kinde die Inkarnation eines Heiligen erkannte. Der Vater des Kindes war Minister des Schneelandes Tibet. Das Haus des Ministers beherbergte zwei abgerissene Fremde, die aus einem Internierungslager in Britisch Indien entflohen waren und sich über alle Pässe und Schluchten des Himalaya bis ins verbotene Tibet durchgeschlagen hatten. Tibet, das war vor fünfzig Jahren die allerletzte direkt aus dem Altertum in unser Jahrhundert hereinreichende Zivilisation auf dem Globus, das Gedächtnis, aber auch das Gewissen der Menschheit. Erst 1950 ist Tibet dem Ansturm einer rabiaten abendländischen Ideologie, dem Kommunismus, erlegen. Sieben Jahre verbrachten Heinrich Harrer und sein Freund Peter Aufschnaiter in Tibet.

Damals hat Heinrich Harrer in Tibet Asyl gefunden. Heute findet Tibets Kultur Asyl in Heinrich Harrers Heimatort Hüttenberg.

„Wie spricht man das große Mantra des Herz-Sutra aus?", frage ich den Mönch.

„Rezitieren sie das Mantra?" lautet die belustigte Gegenfrage.

„Wie soll ich es rezitieren, wenn ich die korrekte Aussprache nicht kenne?"

Der Mönch legt sein Instrument zur Seite, setzt sich kerzengerade auf und sagt: „OM GATE GATE PARAGATE PARASAMGATE BODHI SVAHA. Gegangen, gegangen, hinübergegangen, endgültig hinübergegangen, Erleuchtung, Segen."

Die Sprache des Mönches ist plötzlich in das sanfte Grollen eines abziehenden Gewitters umgeschlagen, sie tönt wie das beständige Tosen des Görtschitzbaches, der unter dem ehemaligen Schulgebäude vorbeischießt, wo man das Museum eingerichtet hat.

Aus dem Klang des Mantra steigt die Erinnerung: „Wenn Tibet einmal frei sein wird, dann kann ich mich endlich zurückziehen und als das leben, was ich bin: Als einfacher buddhistischer Mönch. Und warum nicht in dieser Gegend hier", hatte der Dalai Lama gesagt, als er mir im Juli 1992 in der Veranda am Holzhause Heinrich Harrers ein Gespräch gewährte. Seine tiefe Stimme vermählte sich mit dem Rauschen des warmen Sommerregens, mit dem Grollen eines abziehenden Gewitters. Gekommen war der Dalai Lama, um seinem Freund Heinrich Harrer zum 80. Geburtstag zu gratulieren und gleichzeitig die tibetische

Heimat in Kärnten: Tibetischer Tempel in Hüttenberg

Sammlung im Museum einzuweihen. Und dann saß er im kleinen Kreise in der Veranda und sprach über Tibet mit einer Heiterkeit, mächtig genug, um über alle Wirrnisse und Tragödien zu obsiegen. Jede seiner Gesten ist Frucht jahrtausendealter Disziplin, jedes Wort ist ruhevoll formuliert, als käme es über die Lippen des Buddha Shakyamuni, als dieser sich anschickte, das Rad der Lehre zu drehen.

Unerwartete, unverhoffte Heimkehr auch diese Nachmittage in Kärnten: Die Begegnung mit dem Dalai Lama, die Beobachtung des Mönches bei der Herstellung seines Sandmandalas, das Teetrinken bei Heinrich Harrer und seiner Frau Carina. Heimkehr ins nie Vergessene: Wenn ich als Kind nicht einschlafen wollte, hatte mein Vater eine ebenso merkwürdige wie wirkungsvolle Methode erfunden, um mich ins Reich der Träume zu schicken.

Er las mir aus den Reden des Gautama Buddha in der Übersetzung des Karl Eugen Neumann vor. Einem gewaltigen Strome gleich, der alles umfaßt, alles umschließt, alles umarmt, ziehen die Sätze einher, dem Kinde unverständlich, aber begütigend wie eine Liebkosung.

Aus dem Dämmer des Halbschlafes leuchten die Bilder: Der Königssohn Siddharta, in knisternde Seide gehüllt, mit Juwelen behängt, inmitten schöner Menschen. Mädchen wie Gazellen, junge sportive Aristokraten, alle aus guter Familie, alle gelehrt, geistreich, die Essenz einer Zivilisation, die vor 2500 Jahren schon mürbe war.

Jetzt wird der Prinz von nagender Unrast getrieben. Viermal stiehlt er sich aus seinem goldenen Gefängnis. Er begegnet einem Greis, einem Kranken, dann sieht er, wie die klagenden Verwandten eine Leiche zum Verbrennungsplatz tragen. Zuletzt begegnet Siddharta einem hauslosen Asketen. Den Asketen vermag er nicht mehr zu vergessen.

Der heimliche Abschied von Frau und Kind, die beide schlafen, der Gang in die Hauslosigkeit.

Satz um Satz, Verzauberung um Verzauberung.

Dann das Bild der Bilder: Voll steht der honigfarbene Mond am Himmel, Siddharta sitzt unerschütterlich unter dem Bodhi-Baum. Er hat sich gelobt, nicht mehr aufzustehen, ehe er die letzte Klarheit erlangt hätte. Schließlich gehen ihm die Augen auf. Die Wahrheit vom Ursprung des Leidens und von der Beendigung des Leidens erfüllt ihn. Er lächelt, ob der gehabten Illusionen. Er ist der Buddha geworden.

Darüber war ich in den Tiefschlaf geglitten. Jahrzehnte später, in Kärnten, trat der Strom von neuem an die Oberfläche des Tagesbewußtseins. Ich besitze die drei abgegriffenen, lädierten Bände der Mittleren Sammlung der Reden des Erleuchteten, mit deren Hilfe ich in den Schlaf gewiegt worden war. Die Übersetzung des Karl Eugen Neumann erweist sich heute als eines der Monumente der deutschen Sprache, vergleichbar mit Martin Luthers Bibelübersetzung. Und was die Reden betrifft, so sind sie tägliche Wegzehrung geworden. Überfluß und eiserne Reserve in einem.

Der Barbarensturm einer abendländischen Ideologie hat das Mandala Tibet verwüstet. Doch der Staub der niedergewalzten Klöster, der gesprengten Tempel, der vernichteten Hütten hat sich wie feinster Pollenstaub über den Globus verteilt. Wo er niederfällt, fängt Tibet an zu keimen und Wurzeln zu schlagen. Die Aussaat Tibets ist in Kärnten auf einen fruchtbaren Boden gefallen.

Wie inständig dieses Land nach der Sanftmut dürstet, erzählt eine Sage aus Knappenberg. Seit Menschengedenken erzählen sich die Leute hier eine bäurisch-fromme Zusammenfassung des Mahayana-Buddhismus, ohne vom Erleuchteten oder vom Dharma etwas gewußt zu haben.

„Einmal ist es nun gewesen, da kam ein armes, altes Weiblein zu so einem Knecht und tät ihn schön um etwas bitten, wie er gerade bei der Jause saß. Er gab der Alten die Halbe Wein, und sie sagte: „Vergelt's Gott im Himmel droben!“ Nach ein paar Jahren ist es dann für den Knecht zum Sterben gekommen und er fuhr schnurstracks zur Hölle. „Aber das geht doch nicht“, sagte der, „ich habe noch eine Halbe Wein im Himmel droben zu erhalten.“ Da sagt man ihm, er solle halt hinaufgehen in den Himmel, und um seinen Wein fragen. „Ja“, sagen da die Englein, sie wüßten's schon und hätten es genau aufgeschrieben. „Da hast sie“, ruft ein Engel und reicht ihm auch schon eine Halbe Wein heraus, er könne sie wohl mitnehmen, wenn er wolle, aber ausschütten dürfe er keinen Tropfen. „Ist schon gut“, meinte der Knecht und machte sich wieder auf den Weg in die Hölle mit seiner Halben

Wein. Drunten in der Hölle mußte er fleißig Holz nachlegen unter dem Kessel, wo die armen Seelen drinnen brennen. Aber nur mit einer Hand konnte er arbeiten, weil in der anderen hielt er ja die Halbe Wein. Er tat es notgedrungen und ließ sich die Arbeit nicht verdrießen. Aber einmal versah er sich's doch und verschüttete unversehens ein paar Tropfen in den Kessel. Weil aber der Wein vom Himmel stammte, so sind gleich ein paar Seelen von den köstlichen Tropfen erlöst worden und flugs in den Himmel hinaufgeflogen. Als das der Knecht sah, sagte er: „Na, wenn's euch so gut tut, so könnt ihr alles haben", und goß den ganzen Wein in den Kessel. Davon sind alle armen Seelen erlöst worden, und auch er hat dürfen eingehen in die ewige Seligkeit, weil er ein so mitleidiges Herz hatte."

Was Heinrich Harrer jenseits der Himalayapässe suchte und fand, das liegt jetzt vor seiner Haustür. Ein winziges Stück Tibet, aber ein Stück, das die Lehre erwartet und die Essenz bewahrt.

Das Aufleuchten der Zivilisation Tibets in Hüttenberg hat von Anfang an segensreiche Wirkungen gezeigt. Aus der Gemeinde, die nach der Schließung des Bergwerks glaubte, alle Hoffnungen auf Prosperität begraben zu müssen, ist ein spirituelles Zentrum von weltweitem Rang geworden. Das Heinrich Harrer Museum, ein Hort modernster Museumspädagogik, besitzt mit den Sammlungen Heinrich Harrers Schätze, um welche es bedeutendste ethnologische Museen beneiden. Hüttenbergs Bürgermeister hat sich unter dem sanften Einfluß der zu Gast weilenden Geister Tibets zu einem Kenner der Schriften des Mystikers Milarepa gewandelt. Die Via mystica des Milarepa kann der Besucher Hüttenbergs heute symbolisch nachvollziehen. Die Gemeinde hat in der Felswand gegenüber vom Museum einen Pilgerpfad angelegt, dessen Stationen das geistige Abenteuer des großen Heiligen und Dichters dokumentieren.

Der weiße Chörten am Eingang des Pfades hat sich vollständig in die romantische Landschaft des Görtschitztales eingefügt, als bestünde die Symbiose von Orient und Okzident seit dem Anfang der Zeiten. Das Mandala Tibet, von brutaler Macht zerstört, entsteht in alter Pracht.

Der Boddhisattva des Mitleids

सर्वविद् ཀུན་རིགས་རྣམ་པར་སྣང་མཛད་ཆེ།

*Sarvavid, der „Allwissende“*

Linie um Linie leuchtet es auf: ein Kosmos voller Pracht und voller Schmerzen, unablässig rieselt der feine Sand auf die Platte. Der Mönch ist wieder in heiteres Schweigen versunken. Das beständige Schaben am Messingzylinder hängt im Raum, von unten tost der Görtschitzbach. Sonst Stille.

# KARTENAUFSCHLAGEN

Das Gerede hält sich seit zweihundert Jahren: Der General Bonaparte soll anläßlich seines Aufenthaltes in Klagenfurt in diesen Saal hereingestürzt sein. Dann habe er seine Stiefel zum Trocknen vor den offenen Kamin gestellt. Der klassizistische Raum hat sich nicht verändert. Auch heute prasselt das Feuer im Kamin, der Widerschein schimmert in dem Wasserfall aus Silberlametta, der über den gewaltigen Christbaum strömt. Der Hausherr, Hofrat bei der Kärntner Landesregierung, hat ein paar Freunde zum Silvesterfeiern in seine Wohnung im Herbertstöckl eingeladen. Die Geladenen hatten sich durch Schneevorhänge arbeiten müssen, um in sein von Raum und Zeit ausgespartes Refugium zu gelangen: Wappen, Ahnenbilder, kostbares Porzellan, Nippes und dazwischen Arbeiten aller neueren Maler Kärntens, alles in milden Feuerschein getaucht.

Ein vergoldeter Rahmen für die Mysterien des Jahreswechsels. Im Mittelpunkt des Bildes eine Frau, die aussieht, als wäre sie gerade von einer weiten Reise zurückgekehrt und drauf und dran, wieder aufzubrechen. Beängstigend hochgewachsen, eine Riesin, schaut sie auf ihre Mitmenschen herunter, ohne jemanden demütigen zu wollen.

„Vor urdenklichen Zeiten hausten in Deutsch-Griffen die Haden, das waren riesige, große, unheimlich starke Leute. Eines Tages schaute die Tochter beim Fenster hinaus auf die Wiese, wo die Christenmenschen beim „Heugen“ waren. Da lief sie hinunter und klaubte alles in ihre Schürze hinein, die Manderleut' und die Weibsbilder. Daheim zeigte sie ihrem Vater, was sie gefunden hatte, und sagte:„Schau, ich hab Grasmücken und Heuböcke gefangen.“ Der Vater entgegnete bedenklich: „Trag sie nur wieder hinunter, das sind unsere Feinde…“

Für die letzten Heiden wurde die Zeit immer ungemütlicher. Am Heiligen Abend sagte der Had zum Roß-Knecht, er solle auf die Alm gehen und beim Vieh nach-

Wo sich Napoleon die Stiefel trocknet…

II
LA PAPESSE
THE HIGH PRIESTESS
XIII
LA MORT
DEATH

V
E MONDE
E WORLD

sehen. Dieses hatten sie auf der Hadnerhöhe, die heute noch diesen Namen führt. Auf der Alm fand der Knecht Reif. Den hatte es um diese Zeit dort oben noch nie gegeben. Der Knecht faßte den Reif in sein Fürtuch und trug ihn heim zu seinem Herrn. Da sprach der alte Had betrübt:

"Nach dem Reif fallt der Schnee,

Da ist meines Bleibens nimmermeh… "

Wie die letzten Haden stammt Barbara Stromberger aus dem Gurktal. Eine Nachbarin der Heiligen Hemma. Sie schreibt und singt Chansons. Über die verlorene Macht und Herrlichkeit der Frau, übers innere Exil, wohin sie verbannt ist, seit die Buam alle Geheimnisse herunterstehlen auf den Erdboden. Hier, bewacht vom Schweigen der Generationen, umringt von den lebenden und verstorbenen Bewohnern und Gästen dieses Hauses, darunter der Freiherr von Born, das Vorbild des Sarastro in Mozarts Zauberflöte, ist sie in Sicherheit. Hier kann sie ihre Klagelieder über die Beleidigung der Heiligen singen: Ihre Stimme kommt aus den Eingeweiden Kärntens, machtbewußt, zärtlich, gekränkt, klug. Nachdem es Mitternacht geschlagen hat, hüllt sie ein Umhängetuch um ihre Schultern, hockt sich ganz nahe zum Feuer auf ein Stockerl und zieht ihre Tarotkarten hervor. Jetzt ist sie in ihrem Element. Jedem der Anwesenden sagt sie mit unerbittlicher Güte auf den Kopf zu, was im eben angebrochenen Jahr aus seiner Seele aufsteigen und zur flüchtigen Wirklichkeit werden wird. Für eine flüchtige Stunde ist Kärnten in seine alte Vollkommenheit getaucht. Die salige Frau schlägt die Karten auf und verteilt die Lose. Wir sitzen folgsam im Kreis und hören ihr zu. Wie die Bauleute am Gurker Dom, denen die Heilige Hemma je nach Verdienst ihren Lohn austeilt. Jeder greift in ihren Sack und findet darin, was ihm zusteht. Das Bild verflüchtigt sich. Es ist Neujahr. Draußen krachen die Böller gedämpft durch den Schneefall.

„Nach dem Reif fallt der Schnee,

Da ist meines Bleibens nimmermeh'"

# NOCH NICHT!

Kerzengerade, im makellos geschneiderten schwarzen Anzug, das schottische Plaid über die Knie gebreitet, sitzt der alte Herr in seinem Rollstuhl. Seine Finger ruhen verschränkt auf der silbernen Krücke des Stockes. Von der Gipfelhöhe seiner 94 Jahre schwebt sein Blick über den Mittagstisch mit den Flaschen, Gläsern und Speisen, streift die Anwesenden, registriert die Luftangriffe der Wespen, bleibt an dem Buschwerk, welches den Gastgarten des Restaurants Maria Loretto begrenzt, hängen, löst sich und verliert sich im Spiegel des Wörther Sees. Julien Green verbringt die Sommermonate 1991 in Klagenfurt. Er hat beschlossen, in einer Seitenkapelle der Stadtpfarrkirche Sankt Egid auf den Jüngsten Tag zu warten. Zu diesem Zwecke hat er sich eine Gruft einrichten lassen. Es gilt, die Arbeiten an der letzten Behausung zu kontrollieren. Die Gruft ist geräumig angelegt, eine komfortable Gruft, die drei polierten Marmorplatten mit den Bronzeringen sind auch schon geliefert. Die Ruhestätte steht bereit. Julien Green ist es zufrieden, wiewohl er keine Eile hat, einzuziehen. Er hat überhaupt keine Eile. In den Südstaaten der USA, wo er vor fast einem Jahrhundert geboren ist, herrscht die Gelassenheit. „Mein Großvater besaß noch Sklaven", erzählt er und genießt den Schauer, den er mit dieser Feststellung auslöst. Die Kindheit verbrachte er im Paris der Belle Époque. Im Ersten Weltkrieg kämpfte er als Freiwilliger in Friaul, dort, jenseits der Hügel und Felsen, die er unverwandt betrachtet. Seit den 20er Jahren schreibt er stetig, gelassen und ohne den geringsten Zweifel am Gewicht seines Wortes, Weltliteratur. Roman um Roman, Drama um Drama. Er ist katholisch geworden. Jedes Wort, das er schreibt, eine Sonde in der süßen katholischen Wunde, deren Wundränder heißen lockende Fleischlichkeit, verbotene Erfüllung und gebotene Abtötung. Von Anfang an hat sich Julien Green zum Zeugen seines Jahrhunderts bestellt. Kein Tag vergeht, an dem er nicht seinem zu kolossalen Ausmaßen angewachsenen Tagebuch eine Betrachtung hinzufügt.

Bild umseitig:
„A Gruft in Klagenfurt..."

S 5,-
DANKE

Und wäre ich mutterſeelenallein auf dieſer Welt
geweſen,
Gott hätte ſeinen einzigen Sohn herabgeſandt,
damit Er gekreuzigt werde, damit er mich erlöſe.
Eine befremdliche Anmaßung, wirſt du ſagen.
Und dennoch: Ein ſolcher Gedanke
muß ſchon ſo manchem Chriſtgläubigen
durch den Kopf gegangen ſein.
Aber wer, fragſt du,
wäre dann über ihn zu Gericht geſeſſen,
hätte ihn geſchlagen, ihn ans Kreuz geheftet?
Such' nicht lange:
ich ſelber hätte das getan.
Alles hätte ich getan.
Jeder von uns kann dasſelbe von ſich behaupten
So wie wir ſind, und aus welchem Winkel der Welt
wir auch ſtammen mögen.
Hat man keinen Juden zur Hand
damit er ihm ins Antlitz ſpeie:
Ich bin bereit.
Braucht es einen römiſchen Beamten,
um ihn zu verhöhnen, einen Soldaten,
um ihn zu verſpotten, einen Henker, um ihn
ans Holz zu ſchlagen, auf daß Er dort hängen bleibe
bis ans Ende der Zeiten:
immer wäre ich es ſelber,
ich wäre dazu imſtande, all das zu verüben.
Und der Jünger, der ihn lieb hat?
Das iſt das Schmerzlichſte an der Geſchichte
und zugleich das große Geheimnis:
Du weißt es recht gut:
Auch dieſen Jünger, den findeſt du in mir.
Julien Green

Auch das Datum des 17. August 1991 ist festgehalten:

„Ich kann nicht vergessen, daß der Bischof, nachdem wir unser Gespräch beendet hatten, mit mir die große Treppe heruntergestiegen ist. Welch Geste eines hohen Herren, die Feinheit seiner Umgangsformen haben mich an einen Prälaten des 18. Jahrhunderts denken lassen.

In Sankt Egid sind wir in der Kapelle wieder zusammengetroffen und da stolperte ich über die Kante der Platte, die uns eines Tages bedecken wird. Der Doktor Mairitsch hat mich gerade noch gehalten, er konnte aber nicht verhindern, daß mein Knie auf der Platte aufschlug. Ich flüsterte: Noch nicht…

Wir haben mit Herbert Wochinz und seiner Familie am Ufer des Sees zu Mittag gegessen, der Brahms und Musil und vielen anderen noch teuer war. Die Schönheit des Sees und der Wälder, die ihn umgeben, ist von einem Zauber, der einen vor Zärtlichkeit verstummen macht, eine unangebrachte Reaktion, wenn man an einem Tisch mit etwa 15 Personen sitzt…

Die Wespen laden sich selbst zum Mahle ein, sie wollen von allem haben, was eßbar ist. Man fängt sie in einer Art umgedrehter Vase auf einem Glasteller, der voll ‚Cuba libre' ist, Rum und Coca Cola. So sterben sie in der Trunkenheit."

Julien Green ist der Verzauberten, der Trunkenen einer, die aus Kärnten nicht mehr herausfinden, wenn sie einmal ihren Fuß auf den Boden Kärntens gesetzt haben. Er war an einem grauen Novembertag des Jahres 1990 nach Klagenfurt gekommen, um die Premiere seines Stükkes „Der Automat" im Georg-Bucher-Studio des Stadttheaters zu sehen. Herbert Wochinz, langjähriger Intendant des Stadttheaters und Schmuggler von theatralischen Formen von Paris nach Kärnten, hatte seinen alten Freund dazu eingeladen. In Klagenfurt nahm der Verführer Zufall den greisen Dichter an der Hand und führte ihn in die Stadtpfarrkirche. Julien Green sog den Duft nach kaltem Weihrauch in sich ein, er betrachtete die Epitaphe an den Wänden und in den Kapellen und wußte, daß er eine Stube zum Ausschlafen gefunden hatte.

„A Epikureer", Julien Green

Ein paar Wochen nach seiner Abreise schickte er mir den Text für sein eigenes Epitaph. Ob ich ihn übersetzen möchte:

„UND WÄRE ICH MUTTERSEELENALLEIN AUF DIESER WELT GEWESEN,

GOTT HÄTTE SEINEN EINZIGEN SOHN HERABGESANDT,

DAMIT ER GEKREUZIGT WERDE, DAMIT ER MICH ERLÖSE.

EINE BEFREMDLICHE ANMASSUNG, WIRST DU SAGEN.

UND DENNOCH: EIN SOLCHER GEDANKE

MUSS SCHON SO MANCHEM CHRISTGLÄUBIGEN

DURCH DEN KOPF GEGANGEN SEIN.

ABER WER, FRAGST DU,

WÄRE DANN ÜBER IHN ZU GERICHT GESESSEN,

HÄTTE IHN GESCHLAGEN, IHN ANS KREUZ GEHEFTET?

SUCH' NICHT LANGE:

ICH SELBER HÄTTE DAS GETAN.

ALLES HÄTTE ICH GETAN.

JEDER VON UNS KANN DASSELBE VON SICH BEHAUPTEN. SO WIE WIR SIND, UND AUS WELCHEM WINKEL DER WELT

WIR AUCH STAMMEN MÖGEN.

HAT MAN KEINEN JUDEN ZUR HAND,

DAMIT ER IHM INS ANGESICHT SPEIE:

ICH BIN BEREIT.

BRAUCHT ES EINEN RÖMISCHEN BEAMTEN,

UM IHN ZU VERHÖHNEN, EINEN SOLDATEN,

UM IHN ZU VERSPOTTEN, EINEN HENKER, UM IHN

ANS HOLZ ZU SCHLAGEN, AUF DASS ER DORT HANGEN BLEIBE

BIS ANS ENDE DER ZEITEN:

IMMER WÄRE ICH ES SELBER,

ICH WÄRE DAZU IMSTANDE, ALL DAS ZU VERÜBEN.

UND DER JÜNGER, DER IHN LIEB HAT?

DAS IST DAS SCHMERZLICHSTE AN DER GESCHICHTE

UND ZUGLEICH DAS GROSSE GEHEIMNIS:

DU WEISST ES RECHT GUT:

AUCH DIESEN JÜNGER, DEN FINDEST DU IN MIR."

Julien Green war längst wieder nach Paris abgereist, im Herzen die Sehnsucht nach seinem unterirdischen Appartement, da saßen wir mit Herbert Wochinz beim Rabensteiner oberhalb von Sankt Paul im Lavanttal beim kühlen Most. Die Rede war auf Julien Green gekommen. Herbert Wochinz sagte nichts und schaute, ganz Denkmal seiner selbst, unverwandt über der Würste und des Geselchten Fülle hinaus ins sommersatte Land. Dann ergriff er das Wort: „Vieraneinz'g Jåhr und a Gruft in Klogenfurt. A Epikureer… "

Ein Kärntner Wahlfranzose über einen amerikanisch-französischen Wahlkärntner. Ein leichtes, blitzgescheites Wort über einer offenen Gruft. Sankt Hemma hätte es genossen. Wie eine Auferstehung.

# GEBACKENES

Der Küchentisch bei meiner Großmutter war mit einer dunkelblauen Kunststoffplatte versehen. Für den Werktag, am Sonntag lag ein Tischtuch mit aufgedruckten Äpfeln und Blättern darübergebreitet. Während ich aus Zündholzschachterln, Marke Sirius, Türme errichtete, zwei Packerl hoch, eins quer darüber und so immer fort, bis alles in sich zusammenstürzte, brachte mir meine Großmutter Staatsbürgerkunde bei: In Österreich leben Menschen, die sprechen fünfzehn Sprachen, es leben hier Lavendelweiber, Rastelbinder und huzulische Hausierer, die verkaufen Lulu-Pfeiferl, wo sitzte Kaiser Ferdinand drauf. Die Bora weht in Triest so scharf vom Karst herunter, daß man Taue spannen muß, sonst würden die Leute ins Meer geblasen. In Mostar, dem unvergleichlichen Mostar, wo der Großvater grad' um die Jahrhundertwende Feldwebel bei den Vierundachtzigern war, da singen die Muezzine von den Minaretten, und da gibt es Soldaten, die den grünroten Gebetsteppich eingerollt überm Tornister tragen. Sagen, so zweideutig wie die Kärntner Sagen in dem Buch mit dem Pappendeckeleinband.

„Ein Einschichtbauer pflegte sonntags immer im Freien „unter einem grünen Baum" zu beten. Die Glockenzeichen von der fernen Kirche zeigten ihm genau an, welche Teile der Messe gerade gesungen würden. Als er wieder einmal unter dem grünen Baum betete und zur Wandlung niederkniete, sah er plötzlich eine Tür und auf dieser stand eine goldene Schrift. Das geschah einige Male. Da gab ihm der Pfarrer im Dorf ein Stück Papier und forderte ihn auf, die Zeichen genau nachzumalen. Lange Zeit ereignete sich nichts. Eines Sonntags aber sah der Bauer wieder die geheimnisvolle Tür und darauf die goldenen Buchstaben. Während er sich bemühte, sie rasch abzumalen, stand plötzlich ein greiser Mann mit weißem Bart und Haar vor ihm und sprach: „Mußt nicht grübeln über die Allmacht Gottes, sie ist nicht zu ergründen." Dann fuhr er fort: „Willst du in die Kirche gehen?"– „Ja, wenn's keine Mängel bringt", sagte der Bauer. „Nein, kannst si-

cher gehen." Er führte ihn nun in eine große schöne Kirche, indem er warnend sprach:„Du wirst viele Bekannte sehen, darfst aber um Gott keinen ansprechen." Indessen traten schon der Pfarrer, der Mesner und die Ministranten ein, und eine große Menschenmenge füllte die Kirche. Der eine hatte hölzerne Füße, einer eine hölzerne Hand, wieder andere hölzerne Köpfe. Auch viele Bekannte sah der Bauer. Nach Beendigung der Messe verließen alle die Kirche. Der Alte erschien wieder und führte ihn hinaus. Dann fragte er ihn, ob er hungrig sei. Er wolle wohl essen, wenn es keine Mängel bringe, entgegnete vorsichtig der Bauer und der Alte reichte ihm Kost, soviel ihm schmeckte… "

Im Pfandl am gemauerten Herd siedet und spritzt das Fett, welches meine Großmutter gestern ausgelassen hat. Jetzt holt sie das sorgfältig geklopfte, gesalzene und gepfefferte Fleisch und wendet es in Mehl, Milch, versprudelten Eiern und Semmelbröseln. Jedes Mal, wenn sie ein Stück Fleisch in die Pfanne legt, zischt das Fett und schäumt mächtig auf. Im Radio läuten die Mittagsglocken.

Meine Großmutter reichte mir am Sonntag Gebakkenes aus ihrer gußeisernen Pfanne, soviel mir schmeckte, und dann bin ich heimgelaufen. Ich war keine hundert Jahre entrückt, es hat kaum vier Jahrzehnte gebraucht, bis ich im Kärnten des ausgehenden zwanzigsten Jahrhunderts aufgetaucht bin.

„Der Bauer schritt wacker aus und kam bald in seine heimatliche Gegend. Da fand er sein Haus nicht mehr, und von den Leuten kannte er niemanden. Nur ganz alte Leute wußten sich zu erinnern, daß vor vielen Jahren eines Sonntags ein Bauer aus der Gegend verschwunden sei… "

Kärnten? Eine Sage, ein verbrannter Finger, der Schleier der heiligen Hemma vor den Augen, ein Krügel Most, ein Teller mit Gebackenem, das Maria Saaler Gläut'. Ein Garten aus Sternenstaub. Längst in die Strömung geschüttet.

# INHALT

LAND KÄRNTEN KULTUR

Bertram Karl Steiner (Text) / Ferdinand Neumüller (Fotos), Kärnten – das Heimatbuch.
Unterirdische Begegnungen
Layout: Jurij Kocbek
Gesamtherstellung Hermagoras/Mohorjeva


Für die großzügige Unterstützung bei der Herausgabe dieses Buches bedanken sich Autor und Verlag bei der Kärntner Sparkasse AG

ISBN 3-85013-351-6